Die
dänische
Kunst
des
Schnitzens

VÖGEL AUS HOLZ

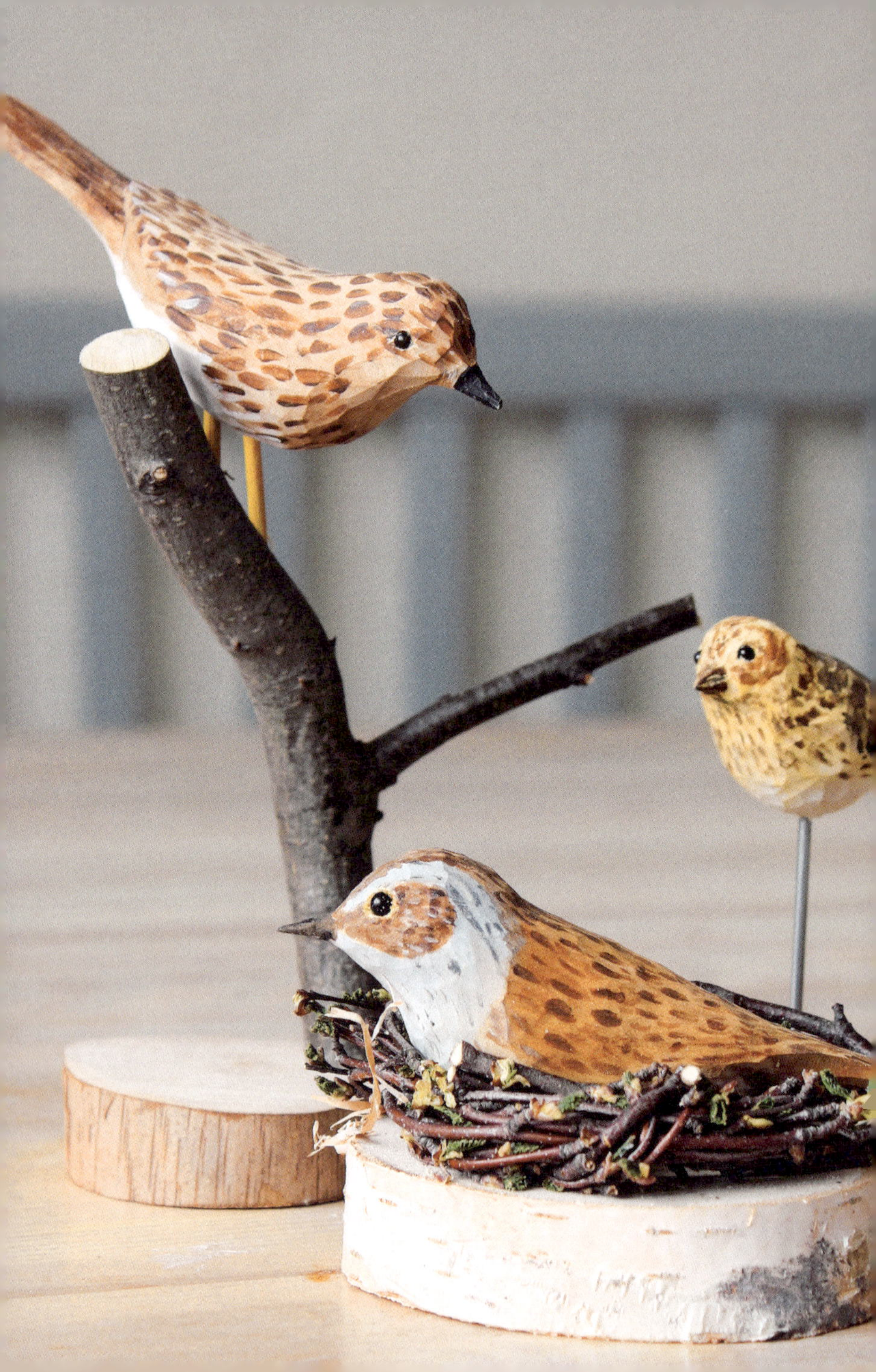

FRANK EGHOLM

Die dänische Kunst des Schnitzens

VÖGEL AUS HOLZ

Verlag Freies Geistesleben

Aus dem Englischen von Sebastian Hoch

Die Originalausgabe erschien 2017 unter dem Titel *The Danish Art of Whittling – Snitte* bei Batsford, Pavilion Books, London

1. Auflage 2020

Verlag Freies Geistesleben
Landhausstraße 82, 70190 Stuttgart
www.geistesleben.com

ISBN 978-3-7725-2746-3

Fotos und Zeichnungen: Lillian Egholm
Druck: NEOGRAFIA, Martin-Priekopa
Printed in Slovakia

INHALT

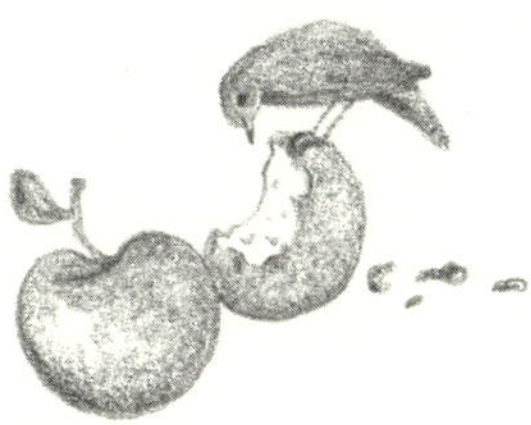

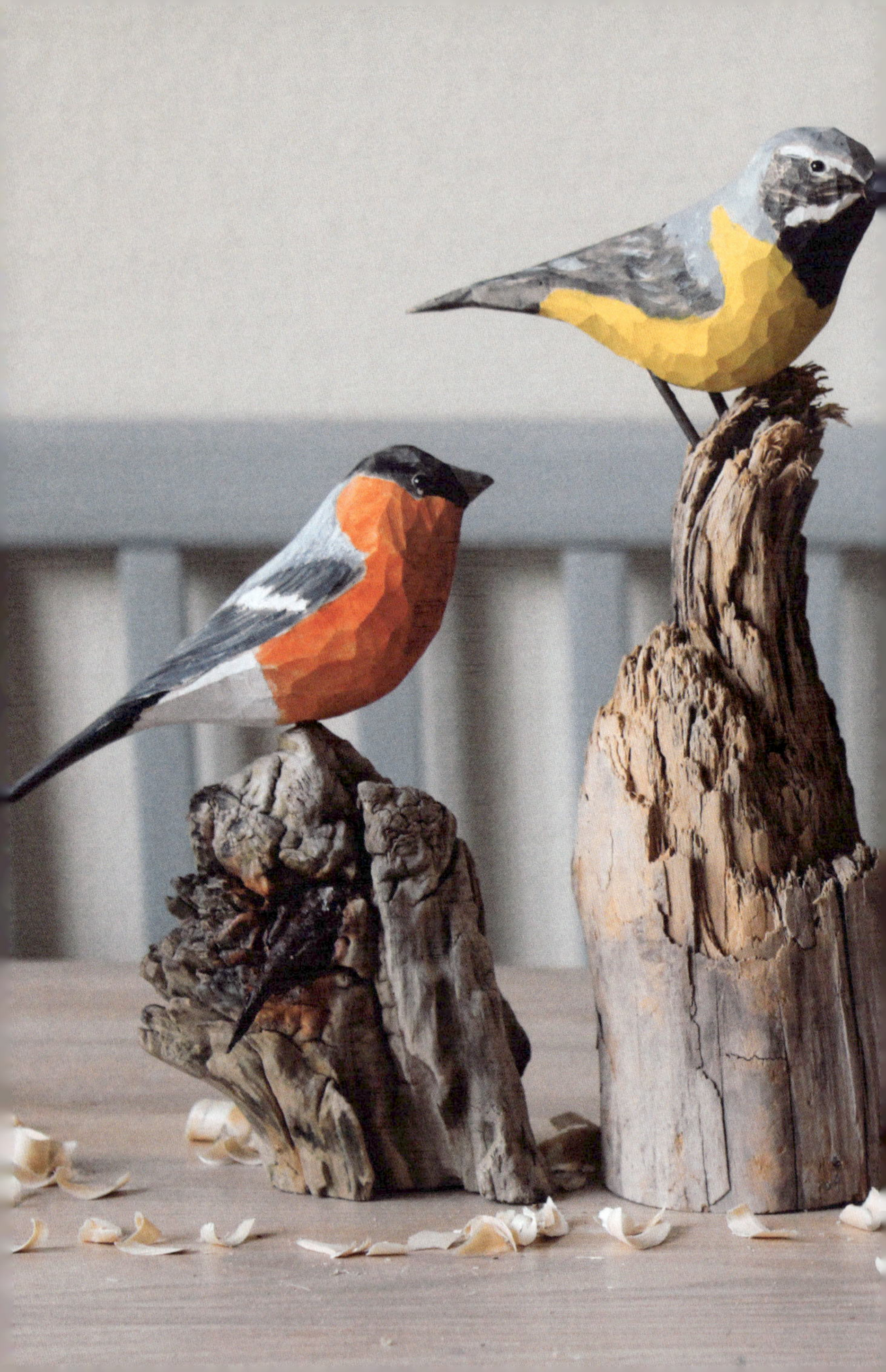

ERSTE SCHRITTE

Bevor Sie mit dem Schnitzen eines Vogels beginnen, sollten Sie sichergehen, dass sich alle benötigten Utensilien an ihrem Platz befinden. Die folgenden Seiten zeigen, wie Sie Ihre eigene Vogelschablone entwerfen und zeichnen können.

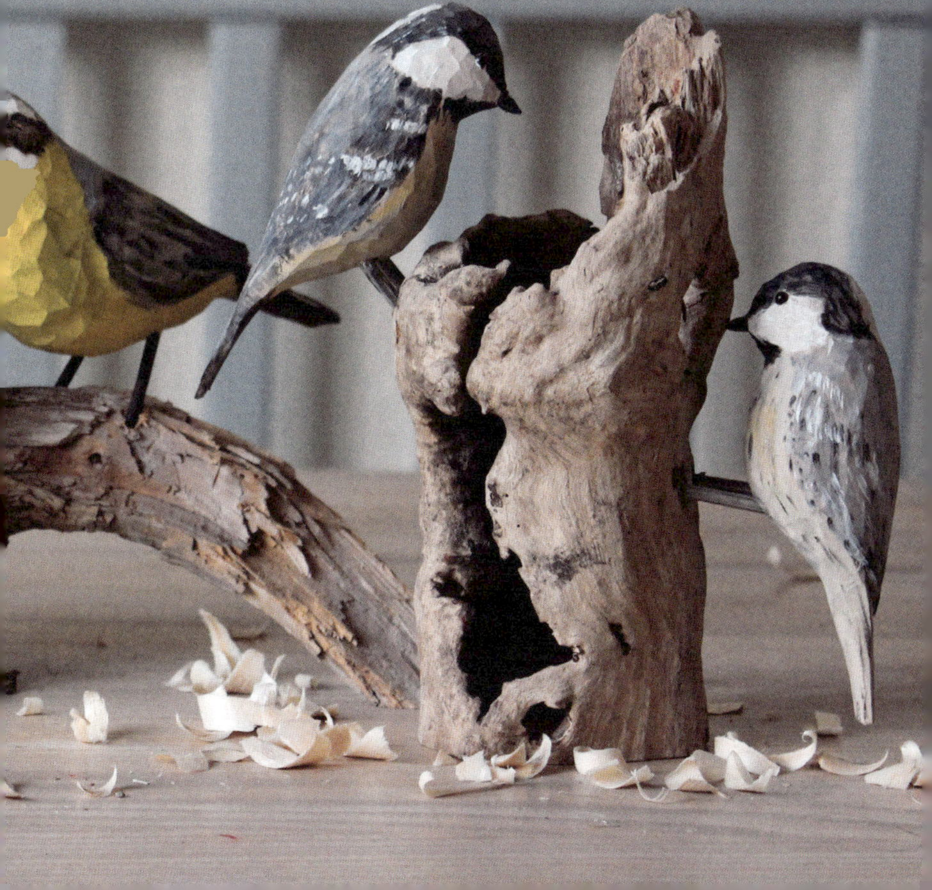

KLEINE VÖGEL SCHNITZEN

Kleine Vögel mit angelegten Flügeln eignen sich besonders gut als Schnitzprojekte – sowohl für Erwachsene als auch für Kinder ab ungefähr elf Jahren.

Natürlich ist der erste Versuch, einen Vogel zu schnitzen, eine ziemliche Herausforderung. Beim zweiten Mal aber wird es schon einfacher, denn wie heißt es schon im Sprichwort: «Übung macht den Meister!» Wenn man trockenes Lindenholz verwendet, ist das Aussägen der Vogelschablone relativ unkompliziert. Linde ist ein weiches Holz, das sich zudem gut schnitzen lässt. Man kann aber auch andere Weichhölzer wie Pappel, Erle oder Schwarzlinde verwenden. Der fertige Vogel kann dann – z. B. auf einem Stück Treibholz oder Rinde befestigt – hübsch in Szene gesetzt und bemalt werden.

Also: Sobald Sie ein scharfes Messer und ein vorbereitetes Holzstück haben, können Sie loslegen und zu schnitzen anfangen!

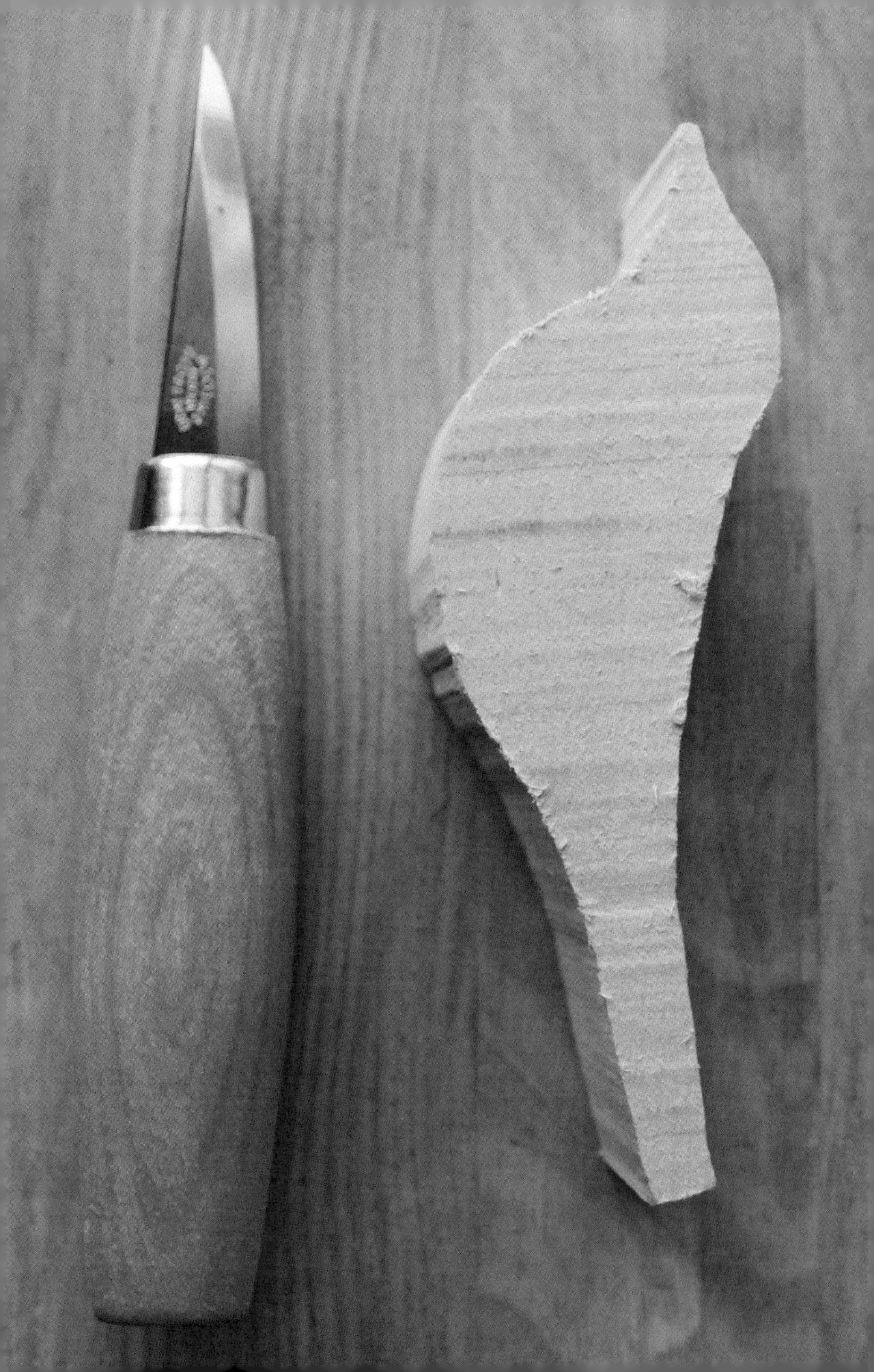

DAS VORZEICHNEN

Vorlagen finden Sie auf den Seiten 120 bis 123. Inspiration bieten aber auch Vogelbücher und das Internet.

Verwenden Sie einen Holzklotz mit einer Dicke von ca. 3,5 bis 4,5 cm.

Am einfachsten ist es, wenn Sie das Profil eines Vogels auf den Holzklotz aufzeichnen; dabei bilden Rücken und Schwanz eine Linie. Die Vorlage sollte entlang der Holzmaserung ausgerichtet sein, andernfalls kann der Schnabel leicht abbrechen.

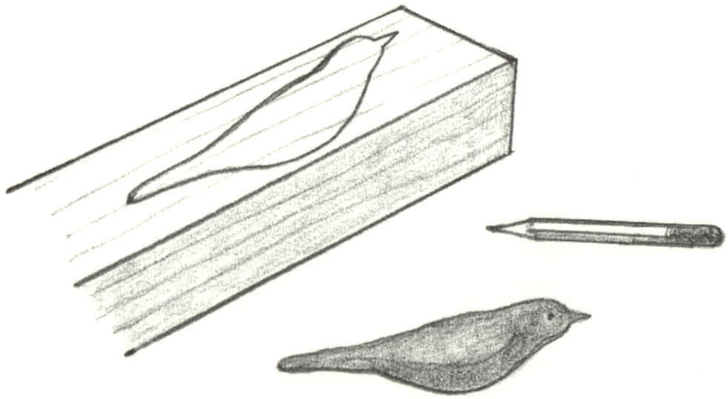

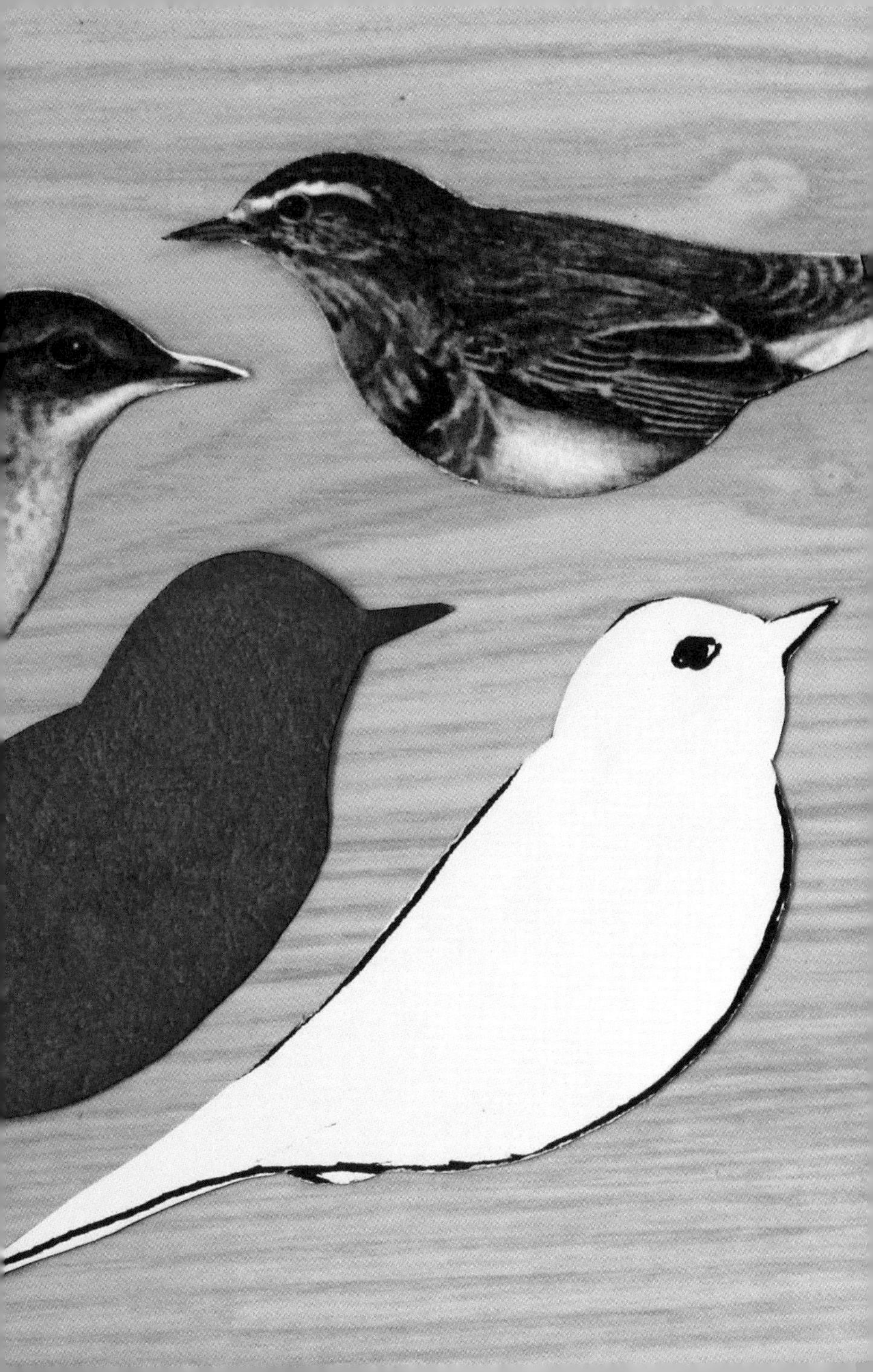

DIE VOGELFORM AUSSÄGEN

Sobald Sie mit dem vorgezeichneten Umriss Ihres Vogels zufrieden sind, können Sie mit dem Aussägen beginnen. Hierfür gibt es mehrere Möglichkeiten, die davon abhängen, welches Werkzeug zur Verfügung steht.

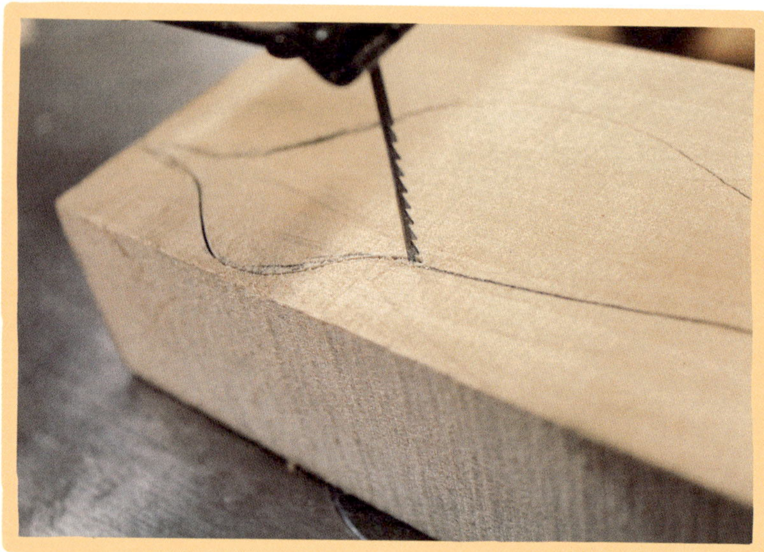

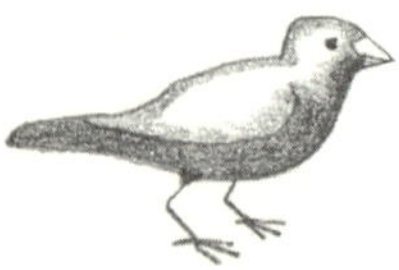

Zum Aussägen der Vogelform können Sie eine Laubsäge mit breitem Sägeblatt oder eine Stichsäge mit einem schmalen Blatt für Kurvenschnitt verwenden.

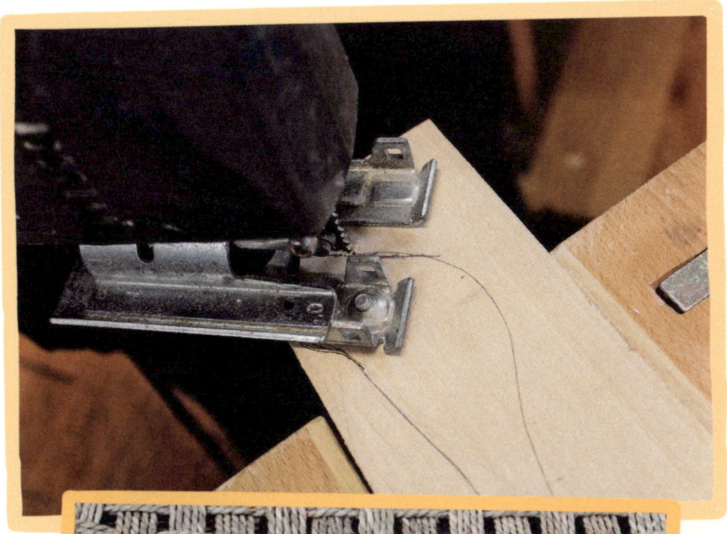

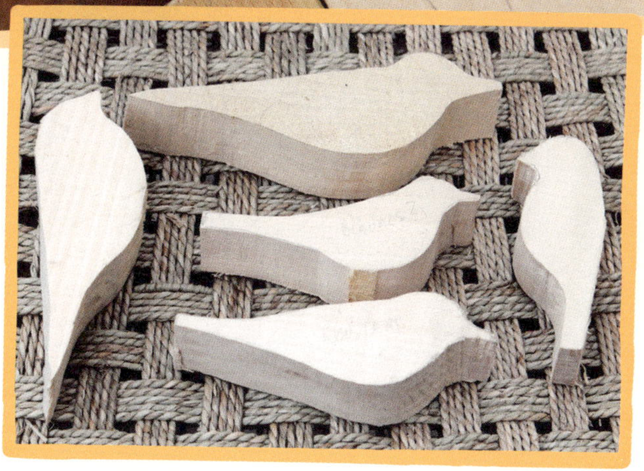

Man kann, wenn man möchte, aber auch eine Dekupier- oder eine Bandsäge mit einem schmalen Blatt benutzen.

SICHERHEIT

Wenn Sie noch ungeübt sind, sollten Sie die Hand, die das Holzstück hält, mit speziellen Schnittschutzhandschuhen schützen. Siehe dazu die Liste mit Anbietern auf Seite 126 (Bezugsquellen). Man kann auch

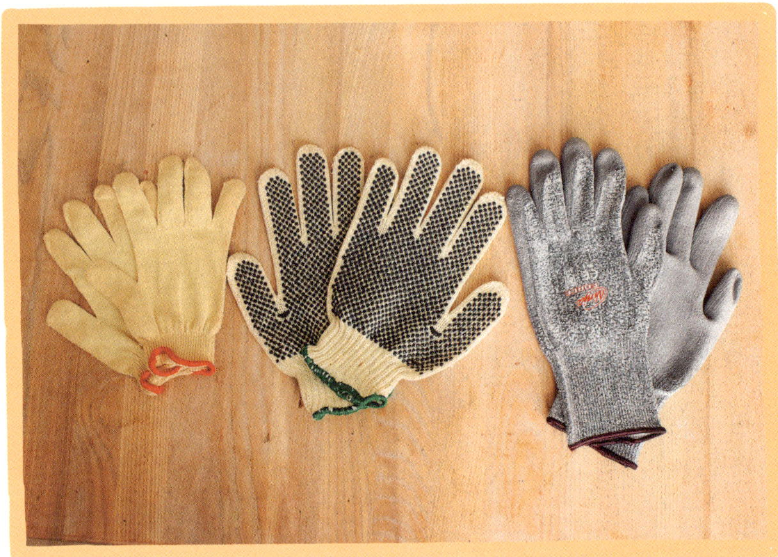

den Daumen sowie die anderen Finger mit je einem Fingerschutz aus Leder sichern (oder von einem dicken Arbeitshandschuh die Finger abschneiden).

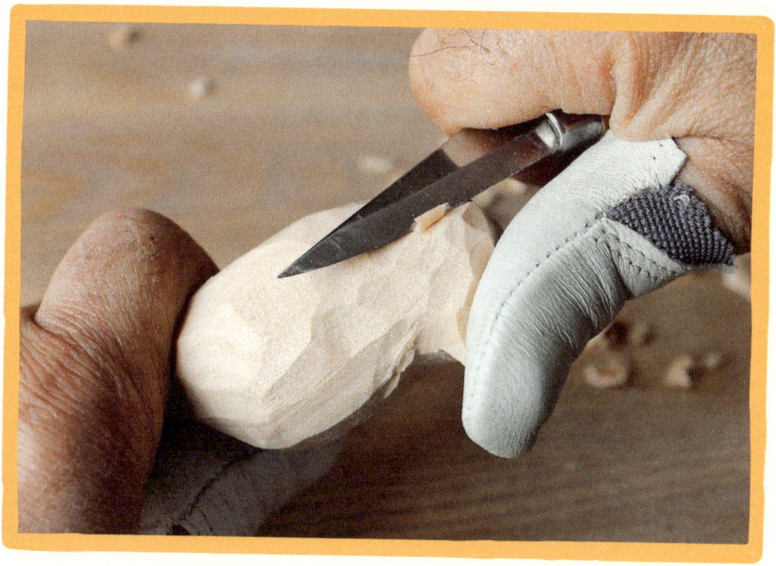

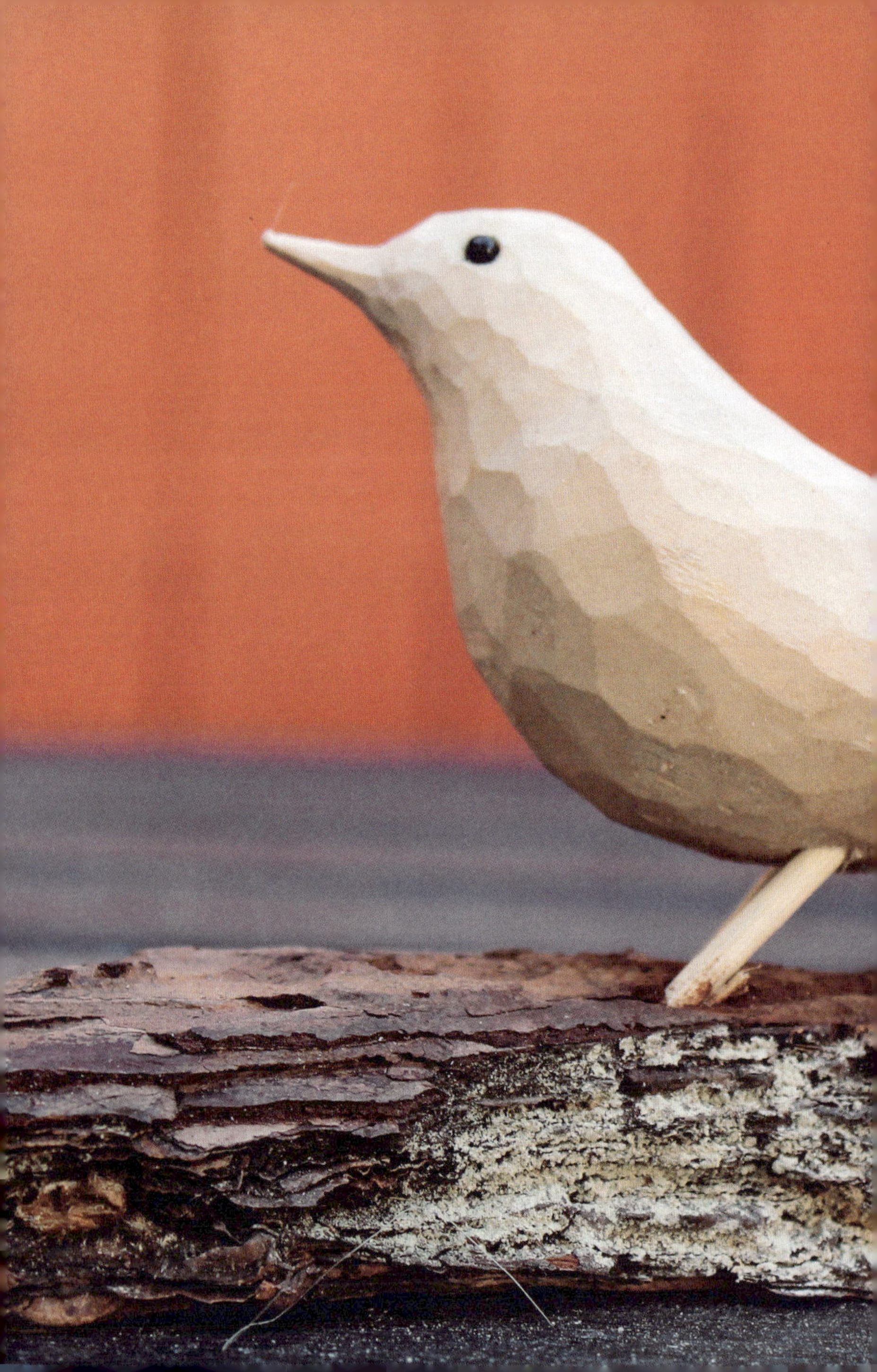

EINEN VOGEL SCHNITZEN

Nun ist es Zeit für Sie, mit dem Schnitzen zu beginnen und Ihren eigenen Vogel zum Leben zu erwecken! Es gibt unterschiedliche Schnitztechniken, die man für das Herstellen eines Vogels verwenden kann. Sie alle werden im folgenden Abschnitt des Buchs beschrieben. Videos über die unterschiedlichen Techniken oder das Schnitzen von Vögeln finden Sie auch unter www.snittesiden.dk.

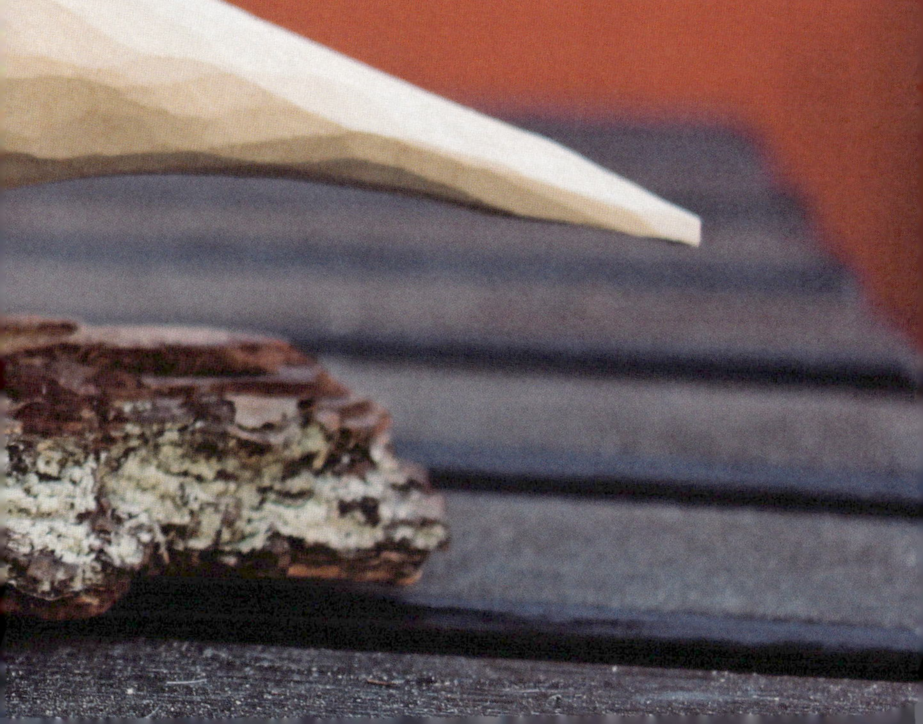

GROBES VORSCHNITZEN

Halten Sie das Holz in einer Hand und schnitzen Sie immer vom Körper weg. Achten Sie dabei auch auf Ihre Beine!

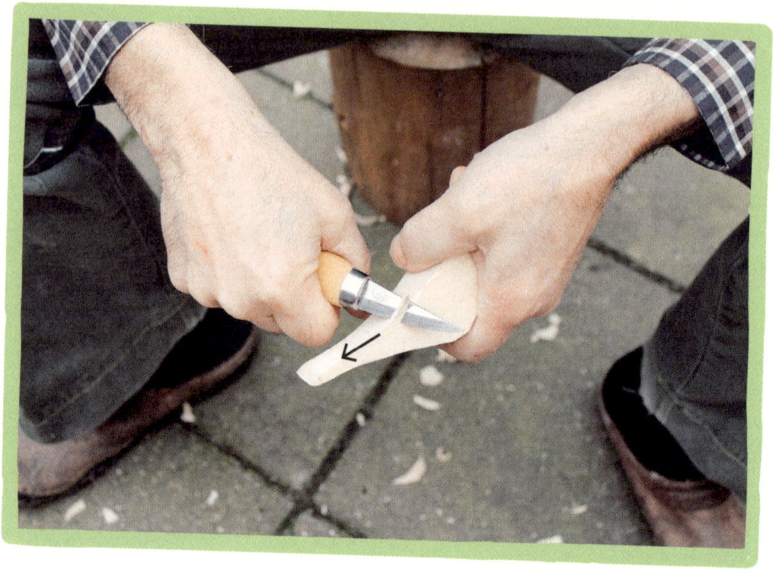

«SCHEREN»-TECHNIK

Stützen Sie Ihre Hände gegen den Körper und halten Sie dabei das Messer in gewohnter Weise. Nun das Messer von sich weg- und gleichzeitig das Holzstück zu sich herziehen. Sie können das Messer während des Schnitzens auch etwas drehen und dadurch die Schnittrichtung ändern.

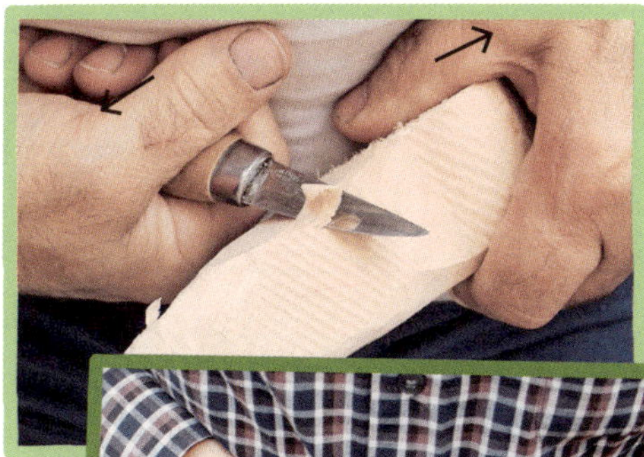

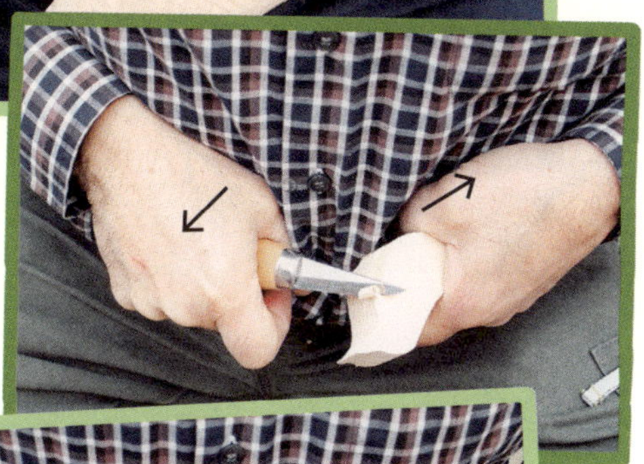

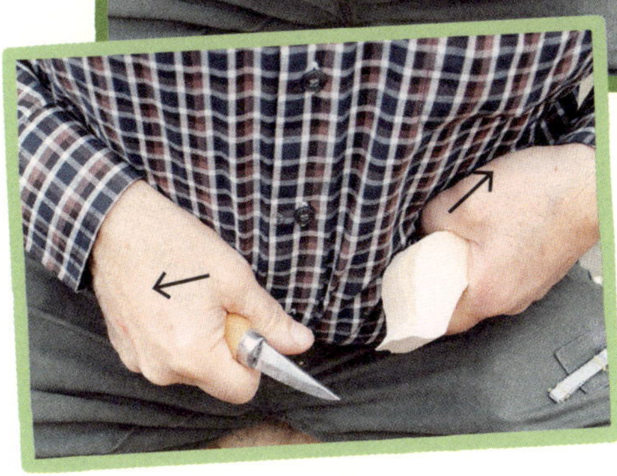

EINE UNTERLAGE VERWENDEN

Für kräftigere Schnitte können Sie einen Baumstumpf oder einen Holzblock als Unterlage nutzen. Im Stehen schnitzt man dann abwärts in Richtung Unterlage. Vor allem beim Schnitzen des Vogelhalses, wenn man kaum noch etwas zum Festhalten hat, empfiehlt sich eine Unterlage.

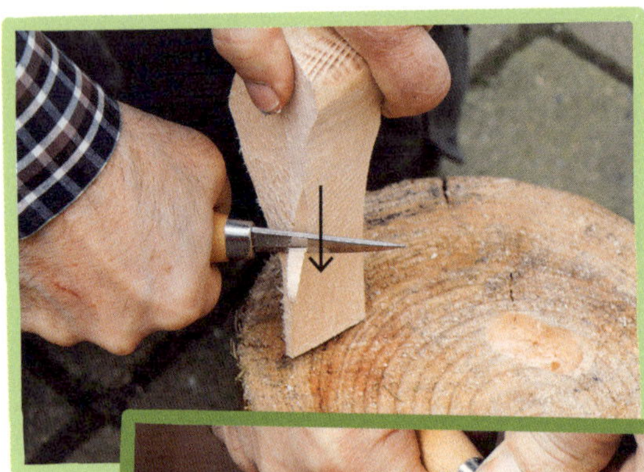

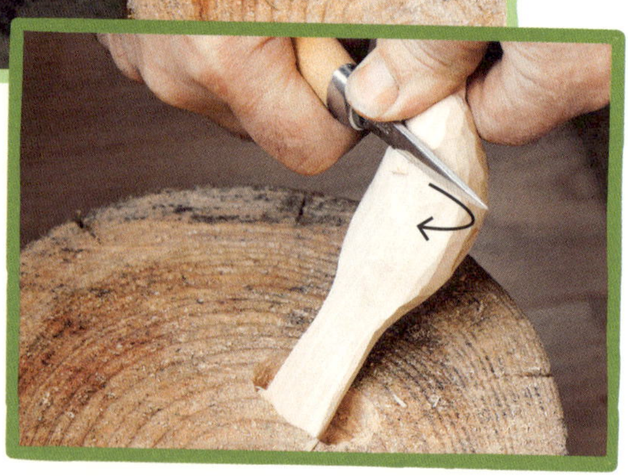

DAS VERWENDEN EINES SCHNITZBRETTS

Ein Schnitzbrett (eine Art «Schnitzstuhl») eignet sich als Unterlage für das Holz, wenn man im Sitzen arbeitet. Sie können es auf die gleiche Art verwenden wie den Baumstumpf oder den Holzblock bei der Arbeit im Stehen. Siehe die Anleitung zum Selbermachen eines Schnitzbretts (oder «Schnitzstuhls») auf Seite 124.

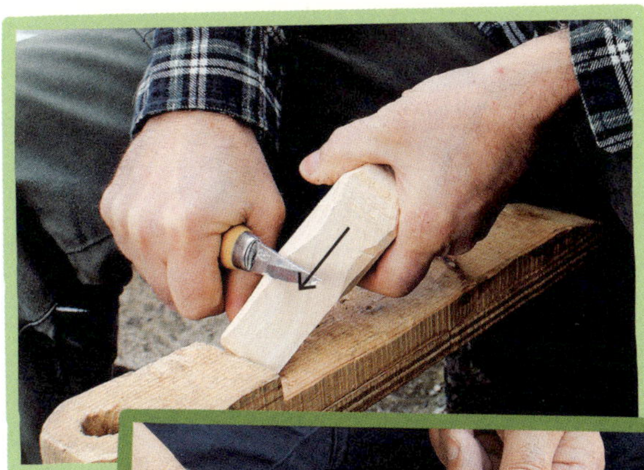

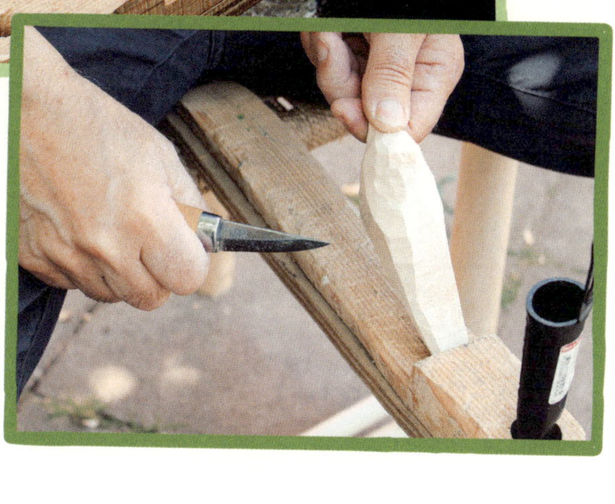

DAUMENTECHNIKEN

Ihr Daumen wird beim Schnitzen stark beansprucht werden und womöglich etwas leiden. Daher sollten Sie ihm, wenn notwendig, einen Daumenschutz gönnen.
Drücken Sie von hinten gegen die Messerklinge. Es gibt drei Daumentechniken, die man auch miteinander kombinieren kann.

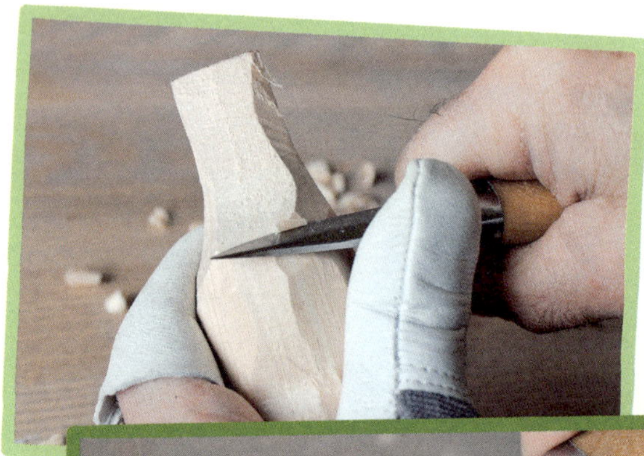

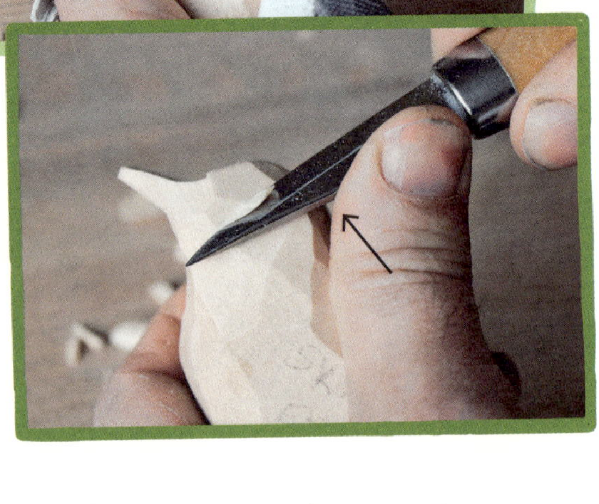

1. Drücken Sie das Messer von hinten mit Ihrem Daumen.

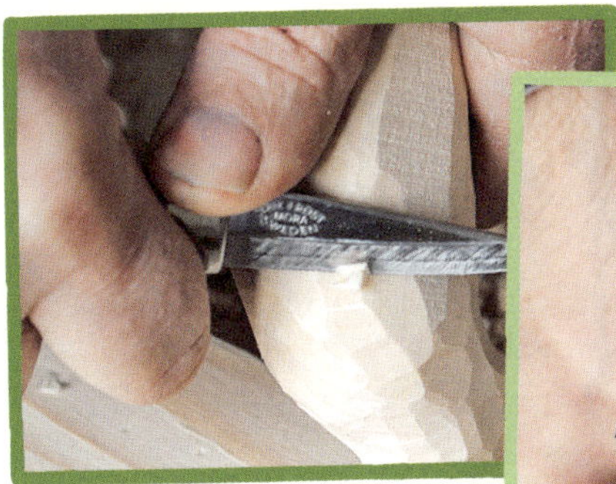

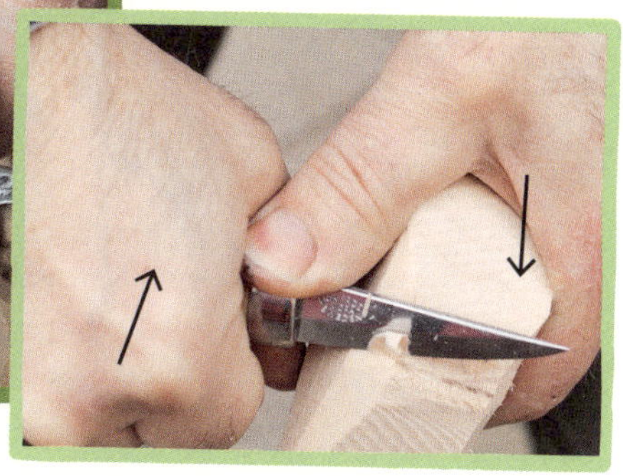

2. Kippen Sie die Hand, die das Messer hält, nach hinten, sodass sich die Klinge nach vorne neigt.

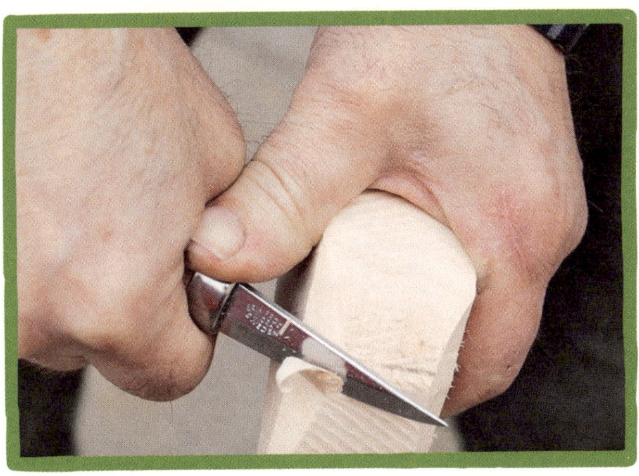

3. Drehen Sie die Hand, die das Messer hält, sodass die Klinge ins Holz eindringt.

SCHÄLEN (ZU SICH HINSCHNITZEN)

Das Schnitzen zum eigenen Körper hin ist eine gute Technik, um den Hals zu bearbeiten (und für andere Stellen). Doch ist es auch gefährlich und benötigt daher Übung. Tragen Sie, wenn nötig, spezielle Schnittschutzhandschuhe. Versuchen Sie das Messer so zu bewegen, dass es sich nicht zu tief ins Holz gräbt. Sollte das Messer zu nah an Ihre Hand kommen, versuchen Sie, den Vogel etwas anders zu halten.

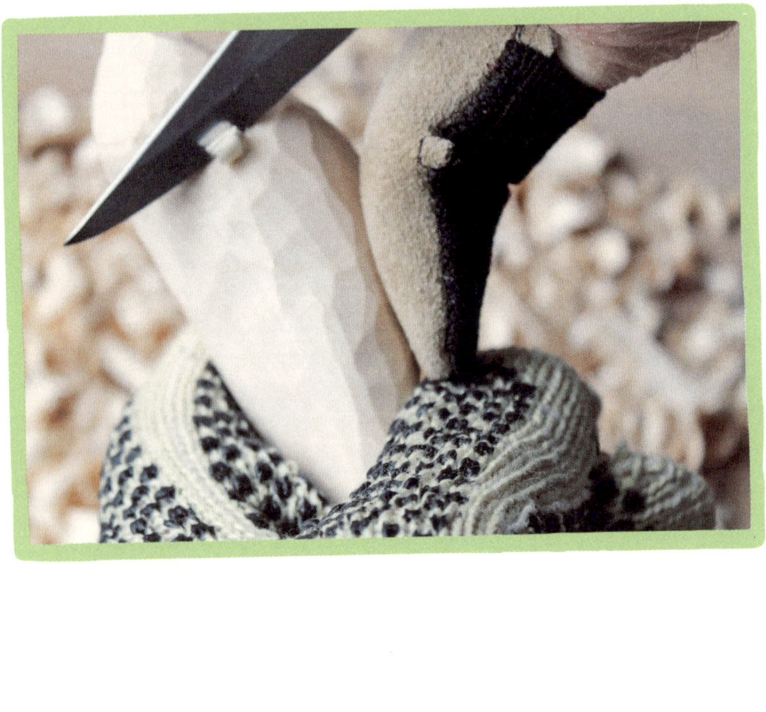

Der Daumen der messerführenden Hand stützt sich auf dem Holz ab, während die anderen Finger der Hand kleine Schnitte durch Drehungen, Kippbewegungen und Druck des Messers ausführen. Indem Sie Ihren Daumen auf das Werkstück stützen, haben Sie die Kontrolle über die Bewegungen des Messers. Dadurch reduziert sich das Risiko, dass Sie sich in die Hand, die das Holz hält, schneiden.

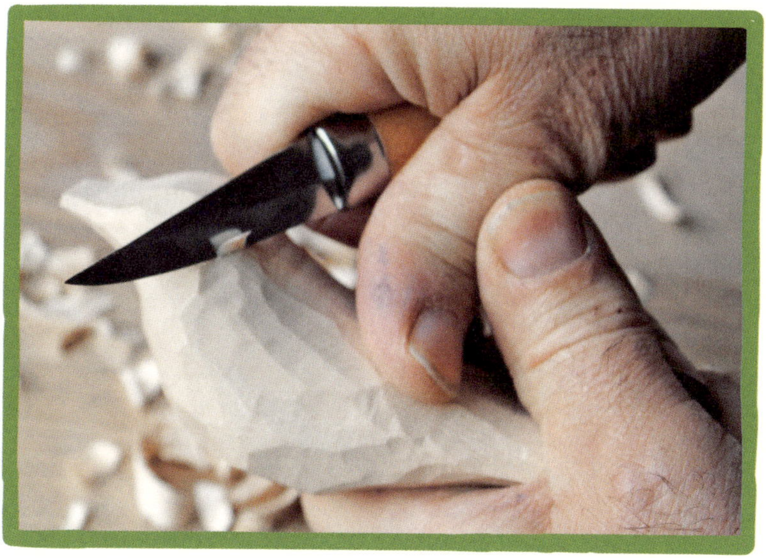

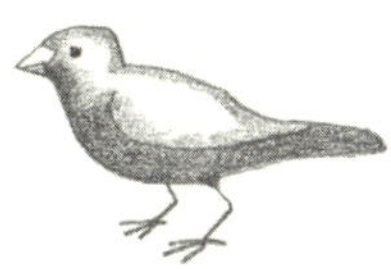

DIE GRUNDFORM DES VOGELS

Lesen Sie zunächst sorgfältig die gesamte Anleitung durch, ehe Sie mit dem Schnitzen beginnen. Glätten Sie zuerst die Ecken der Vogelform, um das Werkstück besser halten zu können. Dann orientieren Sie sich an Fotos und Illustrationen, um die gewünschte Form des Vogels herauszuarbeiten.

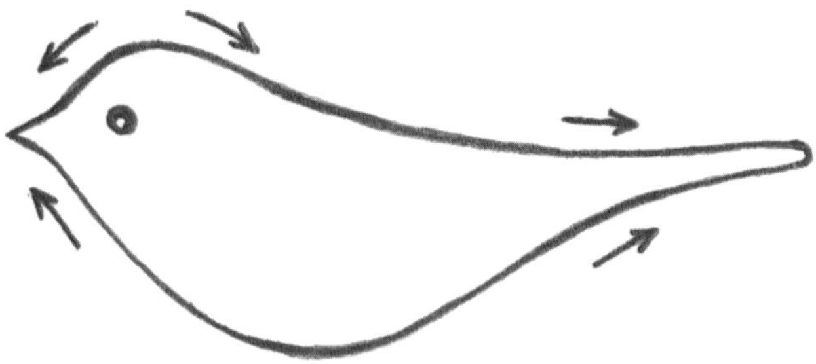

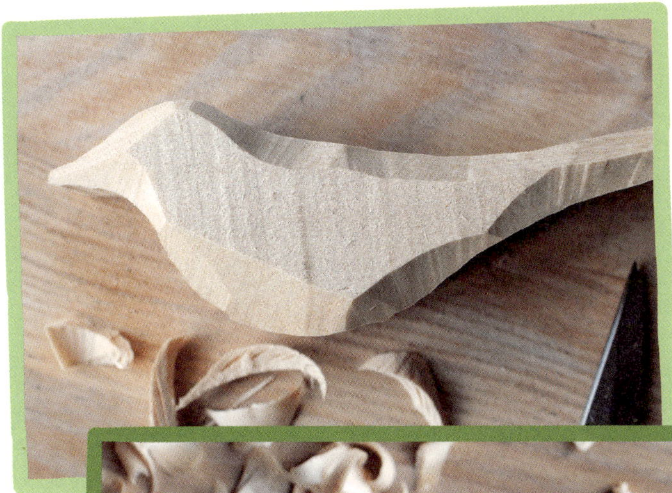

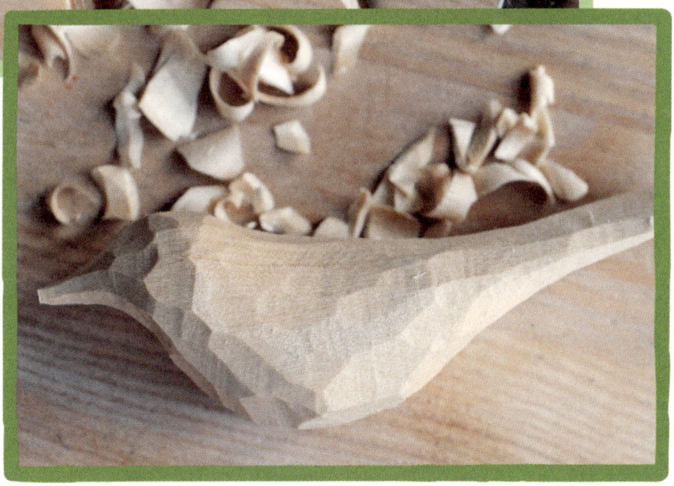

SCHNITZRICHTUNG

Hinweis: Für den Hals beachten Sie bitte die Schnitztechnik auf Seite 24. Glätten Sie die Kanten langsam Schritt für Schritt und konzentrieren Sie sich vor allem auf die Form des Körpers, des Halses und des Kopfes.

Schnitzen Sie am Kopf und am Schwanz nach innen (siehe die untere Abbildung). Für den Schnabel orientieren Sie sich an der Daumentechnik auf Seite 22, für den Schwanz beachten Sie die Hinweise auf Seite 38.

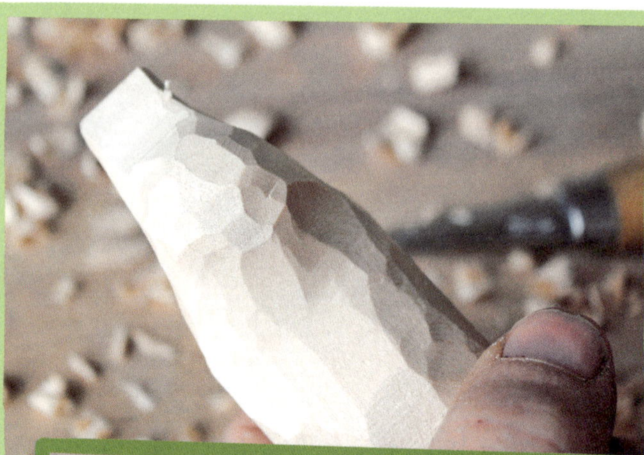

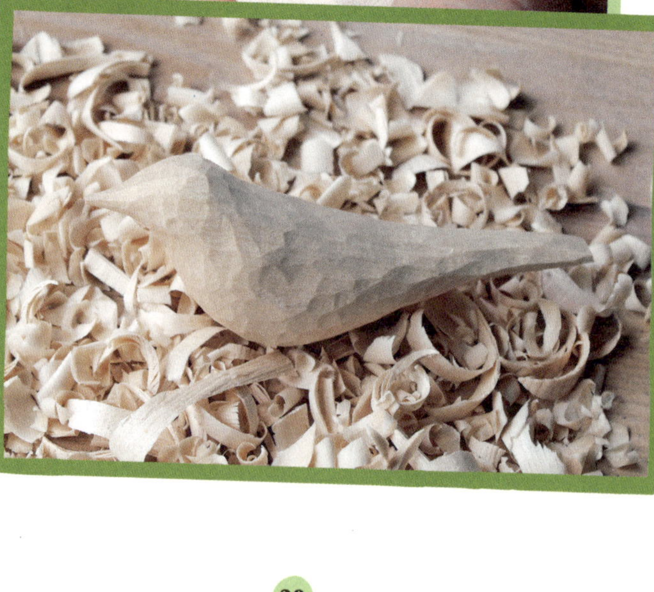

LETZTER CHECK

Stimmt die Form? Sind die harten Kanten und Ecken weggeschnitzt? Ist der Vogel symmetrisch und sind seine Rundungen eben und regelmäßig? Sollte der Kopf noch ein wenig kleiner sein? Halten Sie den Vogel in Ihren Händen. Fühlt er sich rund und gut an?

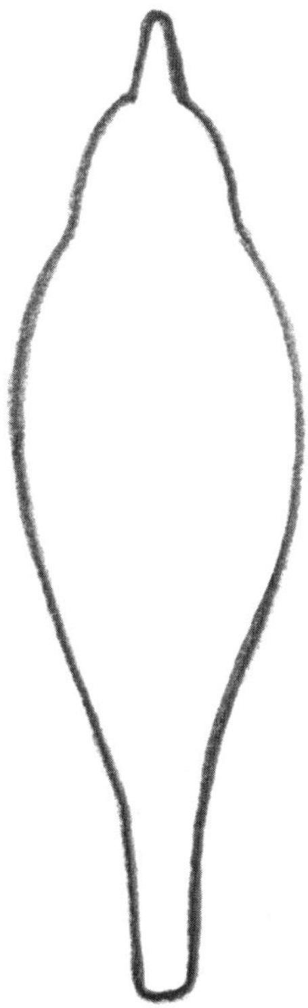

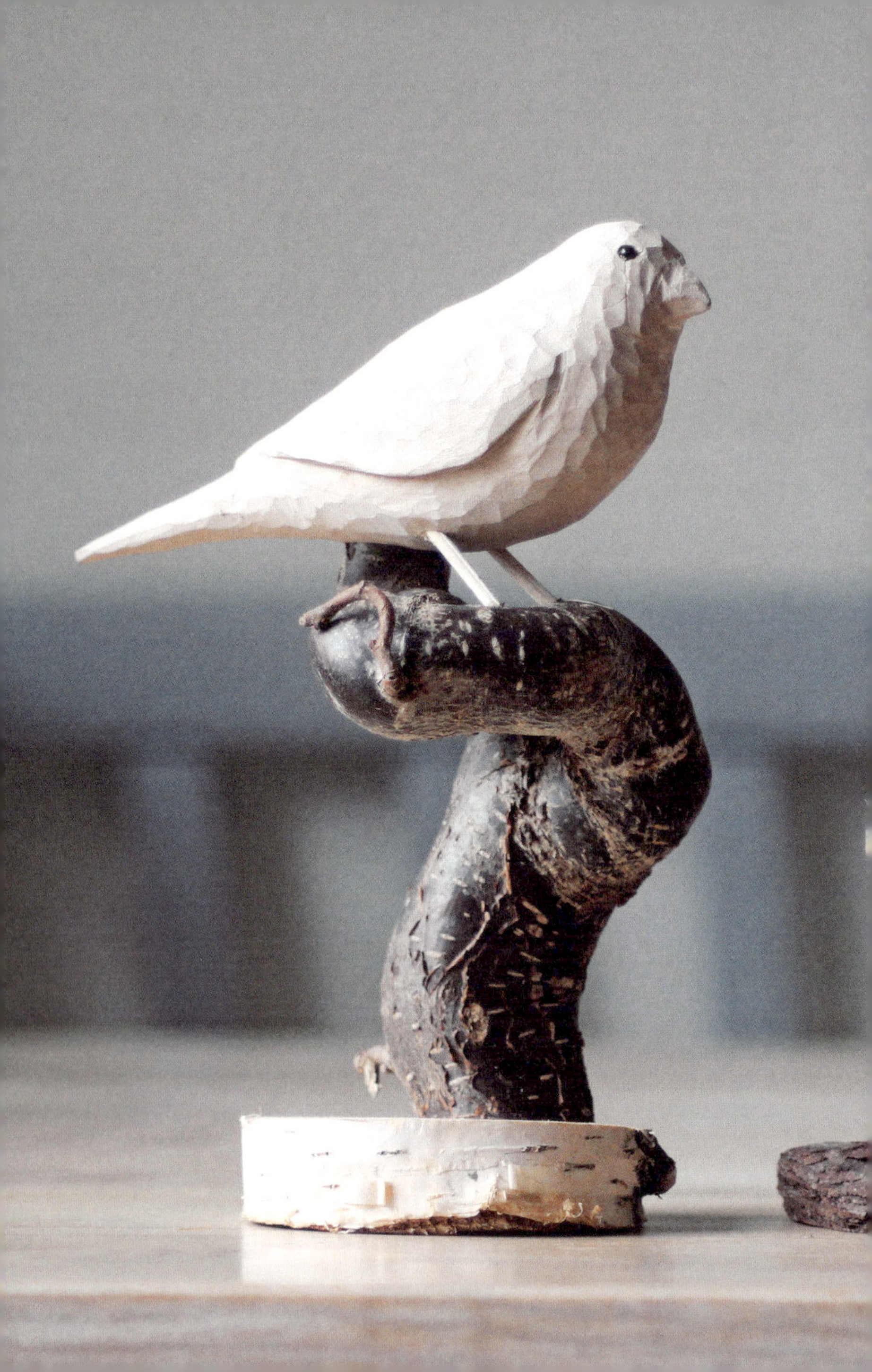

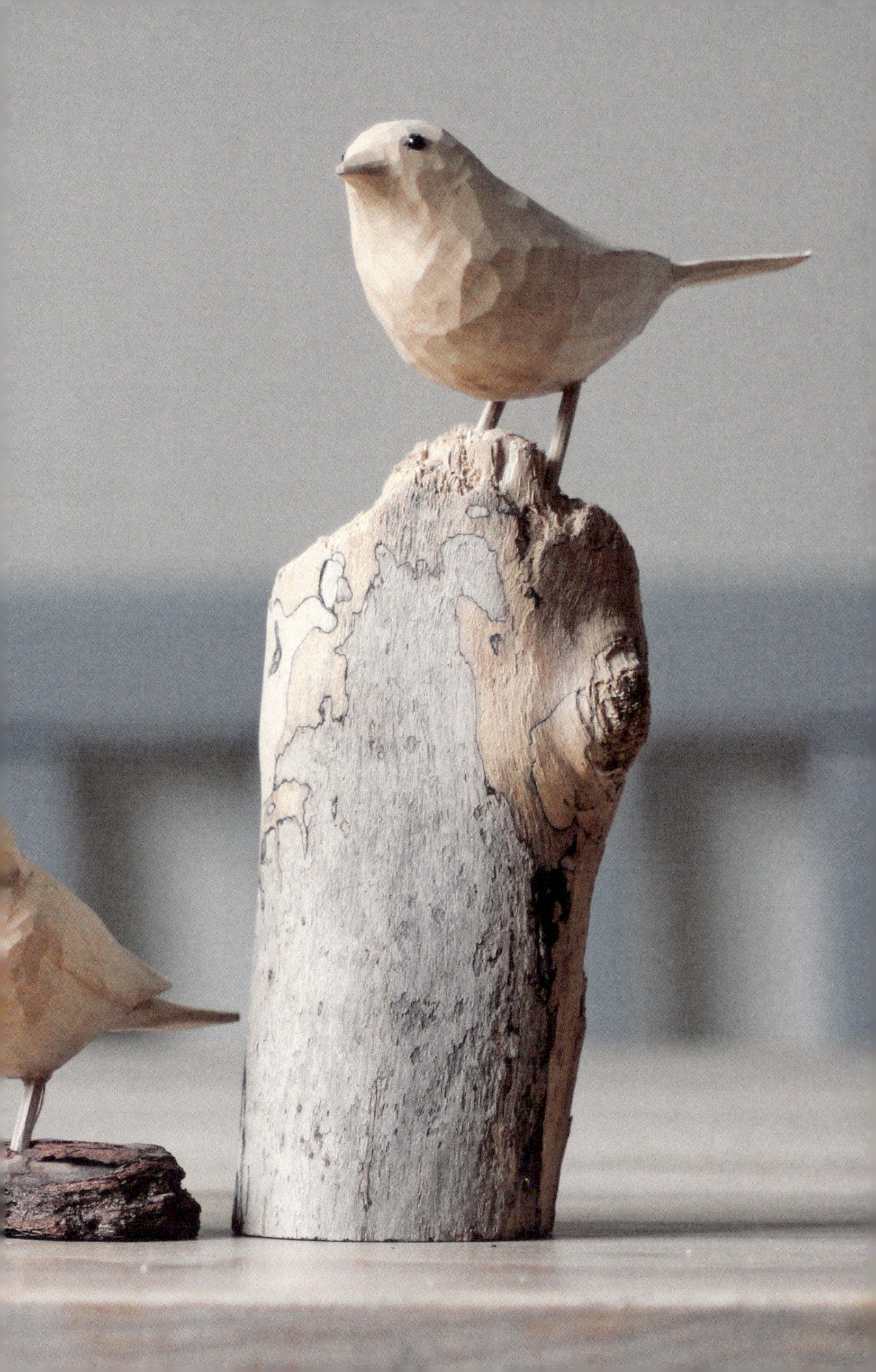

DETAILS HINZUFÜGEN

Vögel haben viele ganz unterschiedliche Formen. Sie reichen von rundlich und plump bis zu zierlich und schmal. Der Schwanz ist mal lang, mal kurz, und manchmal hat er am Ende eine Einkerbung (siehe Seite 39).

Für Flügelarten und Flügelspitzen siehe die Seiten 36 und 37.

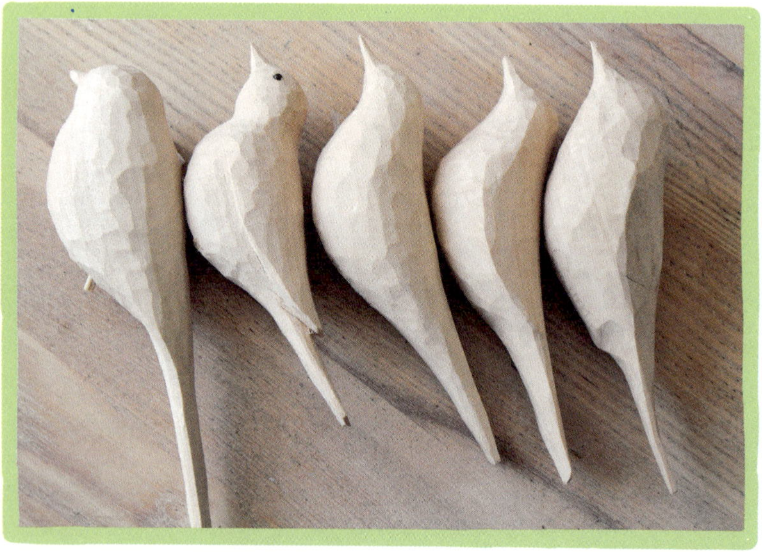

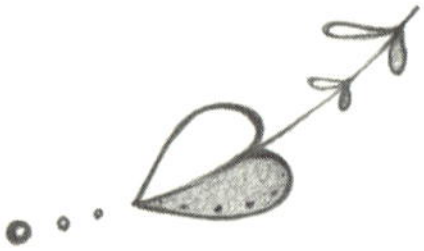

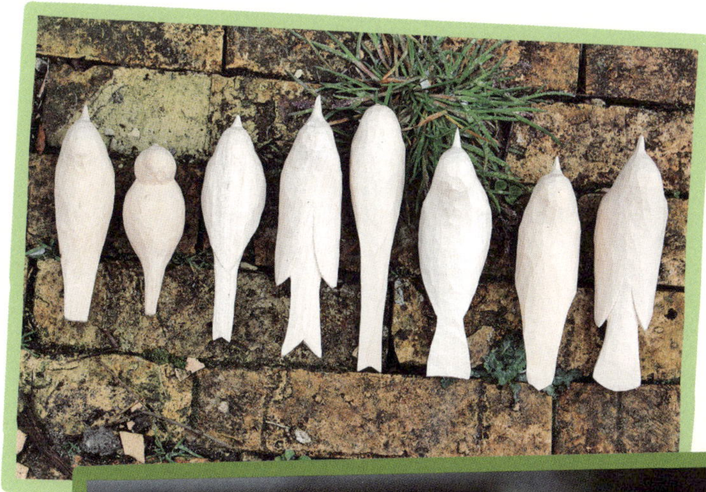

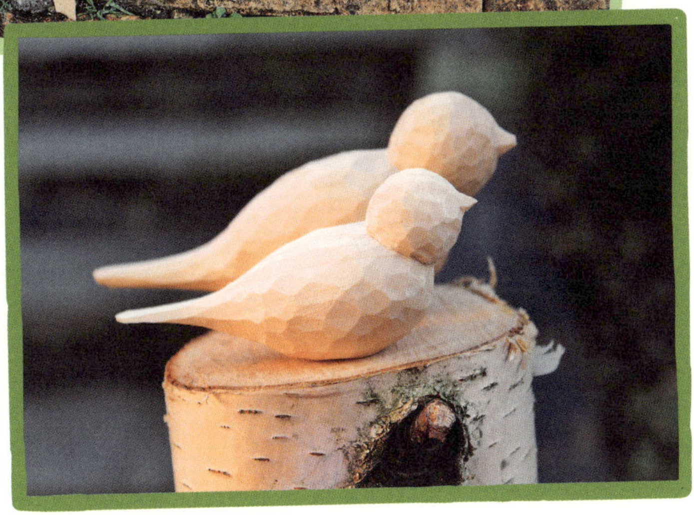

Vögel haben eigentlich keine sichtbare Halslinie. Vielen Menschen aber gefällt es, beim Schnitzen den Hals herauszuarbeiten und ihn dadurch zu betonen, wie oben abgebildet.

SCHNÄBEL

Benutzen Sie die Messerspitze und wenden Sie die Daumentechnik an (siehe Seite 22). Schnitzen Sie zu sich hin, wenn der Schnabel über die Maserung des Holzes hinausgeht, und tragen Sie einen Fingerschutz, wenn nötig.

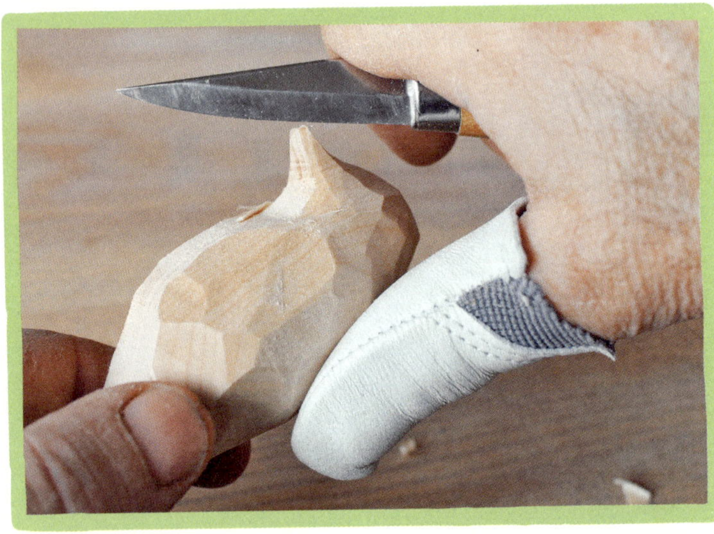

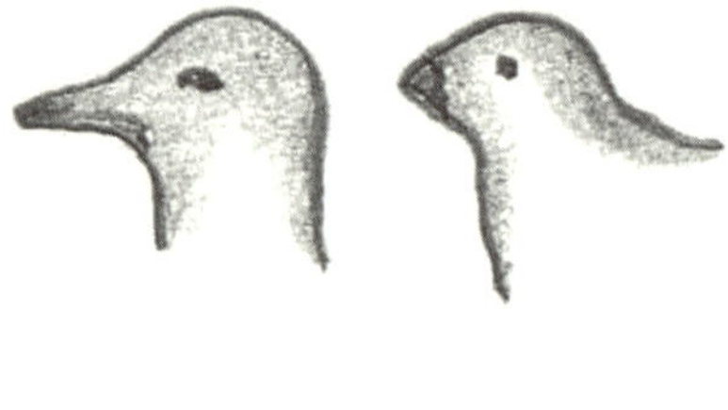

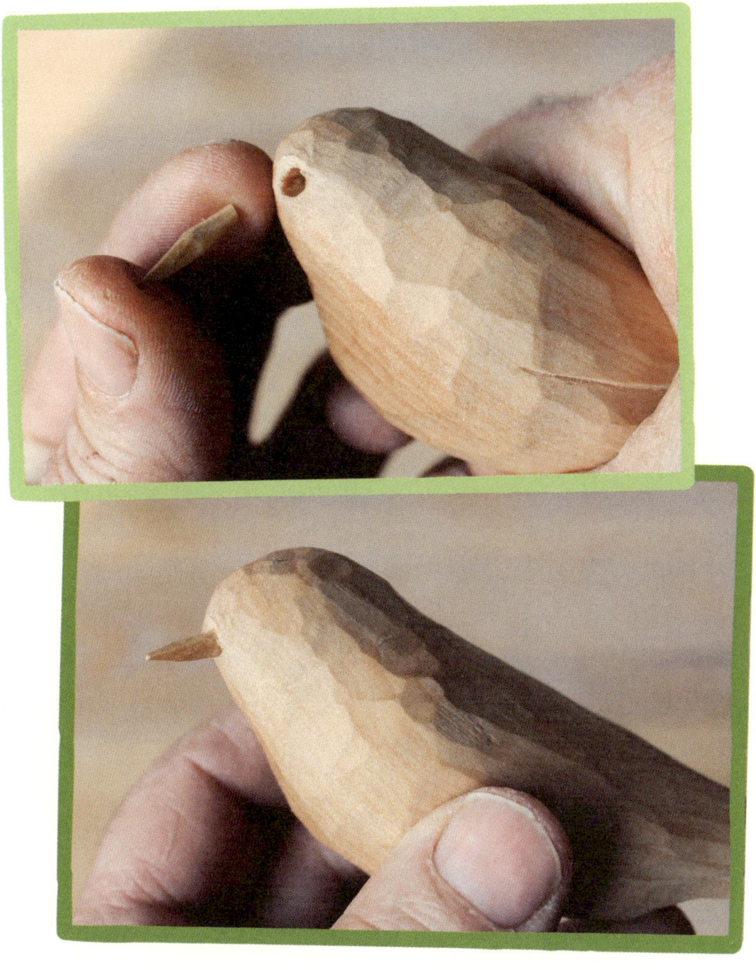

Der Schnabel lässt sich auch separat schnitzen
und später an die richtige Stelle in ein kleines
vorgebohrtes Loch leimen.

FLÜGEL

Durch V-förmige Schnitte entlang der Flügel heben diese sich sanft vom Körper ab. Drücken Sie Ihren Daumen von hinten gegen die Klinge und kippen Sie dann ein wenig das Messer, sodass es etwas ins Holz eindringt. Der V-förmige Schnitt wird ausgeprägter und markanter, wenn Sie von beiden Seiten schnitzen.

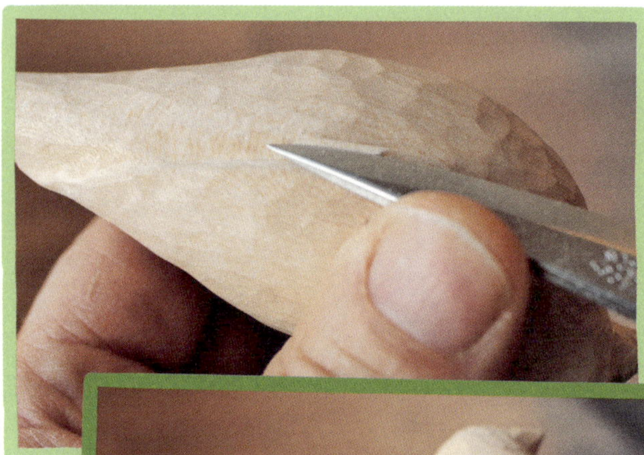

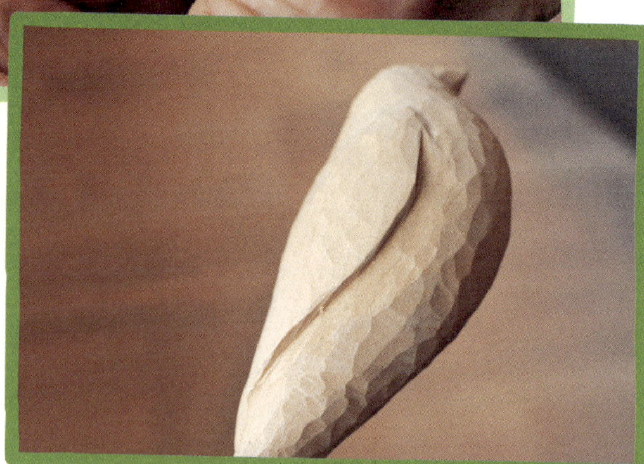

FLÜGELSPITZEN

Schwieriger und aufwendiger ist es, die Flügelspitzen zu schnitzen und die Flügel auf dem Rücken des Vogels hervorzuheben. Dieser Teil des Werkstücks ist etwas diffiziler in der Bearbeitung, und meist muss man gegen die Holzmaserung schnitzen.

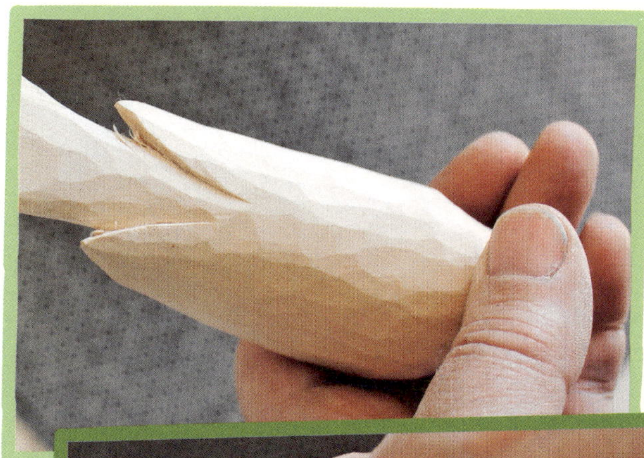

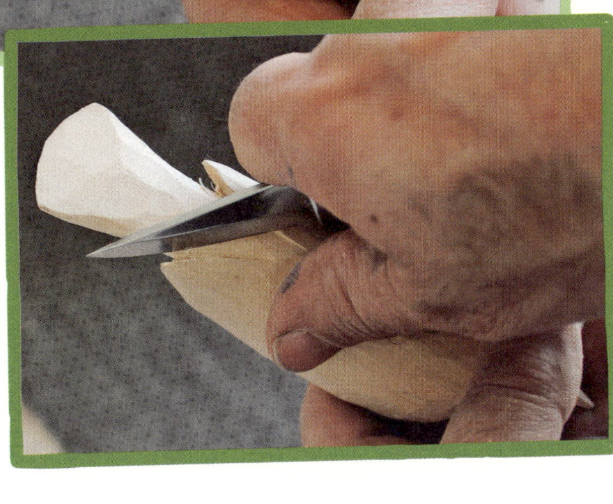

SCHWÄNZE

Es gibt unzählige Möglichkeiten, einen Vogelschwanz zu schnitzen (siehe Zeichnungen unten). Indem Sie von den äußeren Ecken diagonal nach innen schnitzen, können Sie kleine Einkerbungen im Vogelschwanz gestalten.

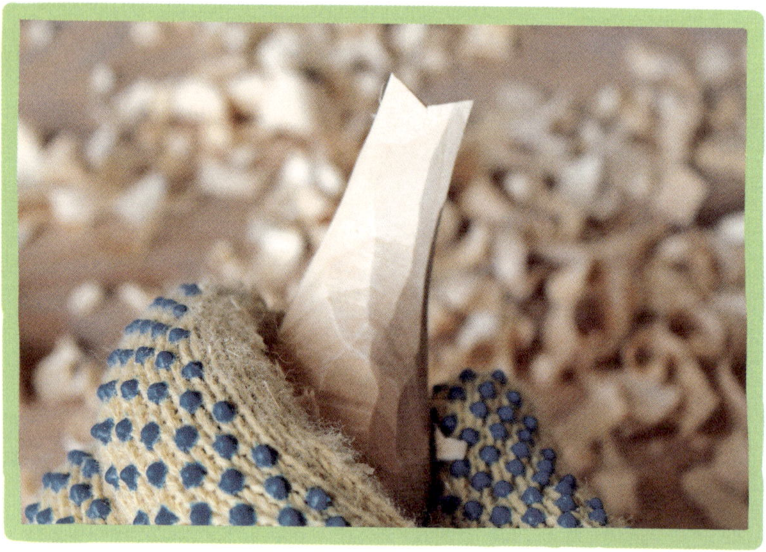

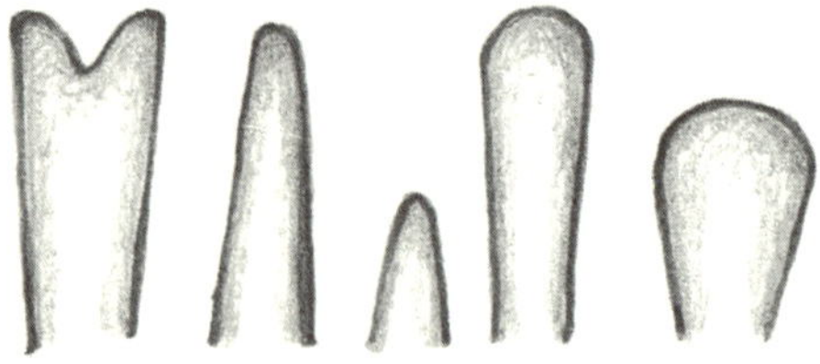

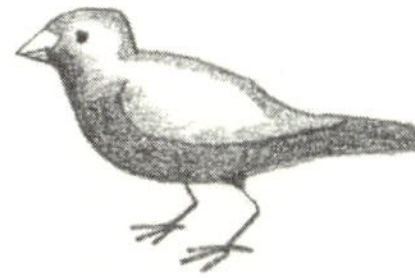

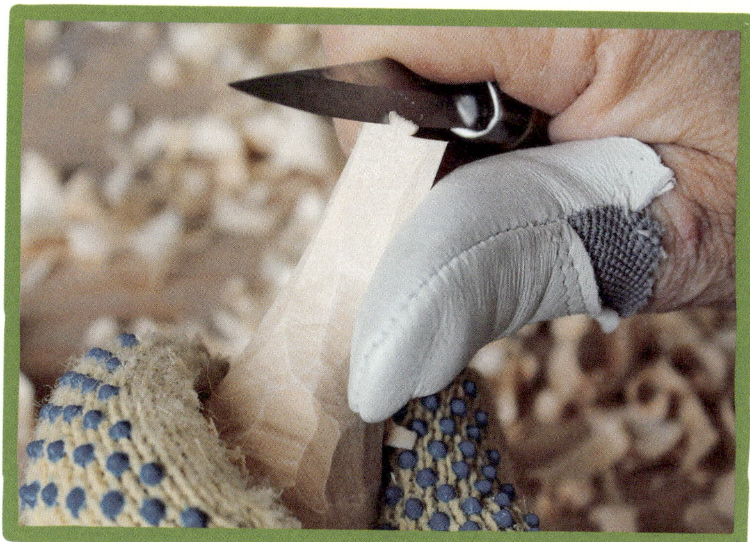

EINKERBUNG IN DEN VOGELSCHWANZ

Halten Sie den Daumen gegen die Schwanzseite gedrückt und schnitzen Sie dann vorsichtig – setzen Sie dazu vor allem die Finger der messerführenden Hand ein.

AUGEN

Verwenden Sie kleine Glasperlen mit einem Durchmesser von ca. 3 bis 4 mm.

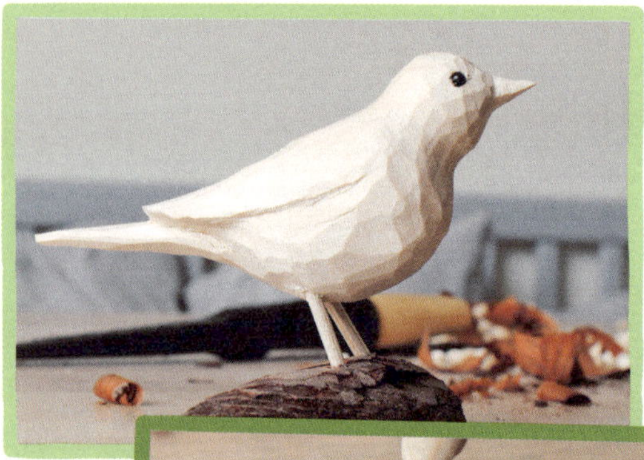

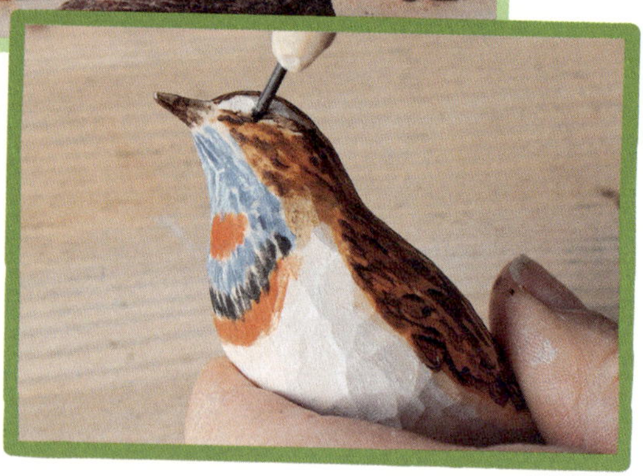

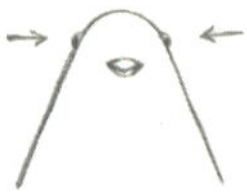

1. Markieren Sie zunächst die Stellen für die Augen mit einem Bleistift. Machen Sie dann mit einer Ahle je eine kleine Einkerbung. Achten Sie darauf, dass sich die Einkerbungen symmetrisch auf beiden Seiten des Kopfes befinden.

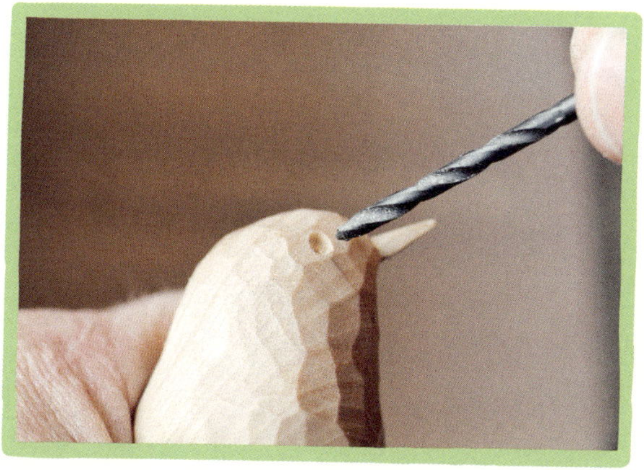

2. Bohren Sie Löcher passend zum Durchmesser der Perlen. Dabei sorgfältig und vorsichtig von Hand bohren. Die Tiefe der Löcher sollte ungefähr zwei Drittel des Perlendurchmessers betragen.

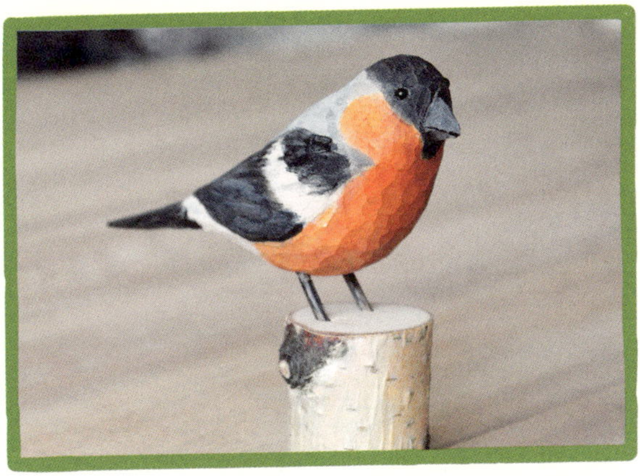

3. Kleben Sie die Perlen an die vorgesehenen Stellen. Achten Sie darauf, dass eventuelle Löcher in den Perlen nicht sichtbar sind.

GESICHTSAUSDRUCK

Die Mimik Ihres Vogels kann entweder lebensecht oder eher naiv sein – beides hat seinen Charme. Die folgenden wunderschönen Exemplare (Seiten 42–45) wurden von zwölfjährigen Kindern geschnitzt.

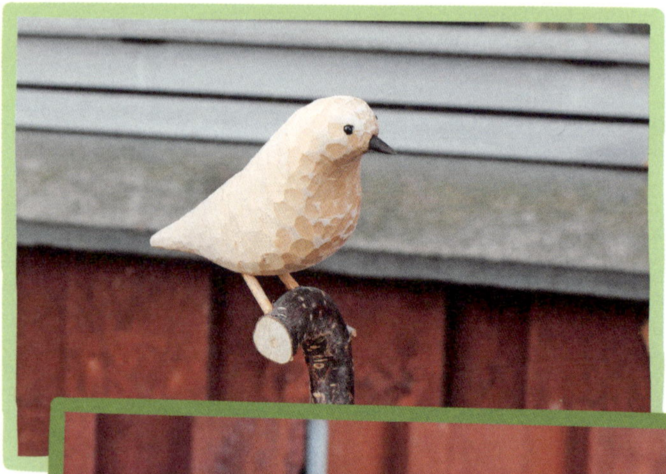

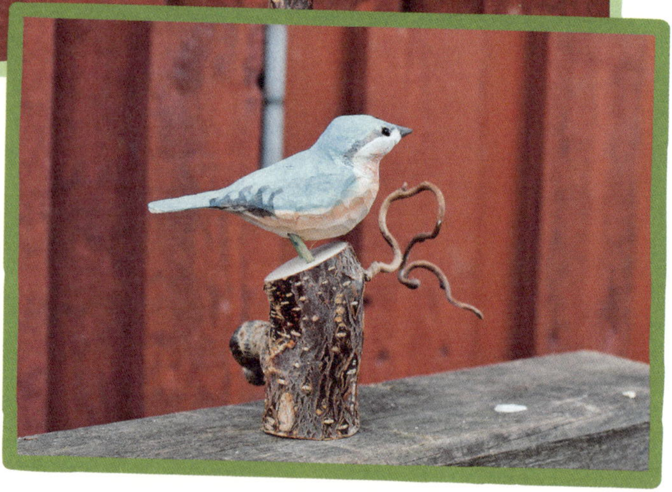

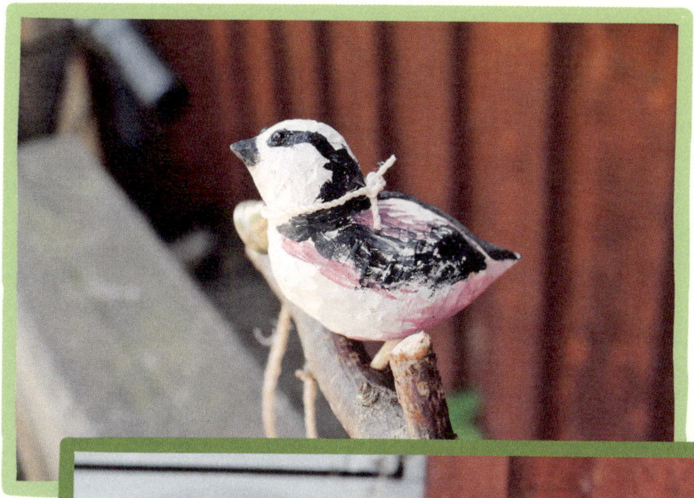

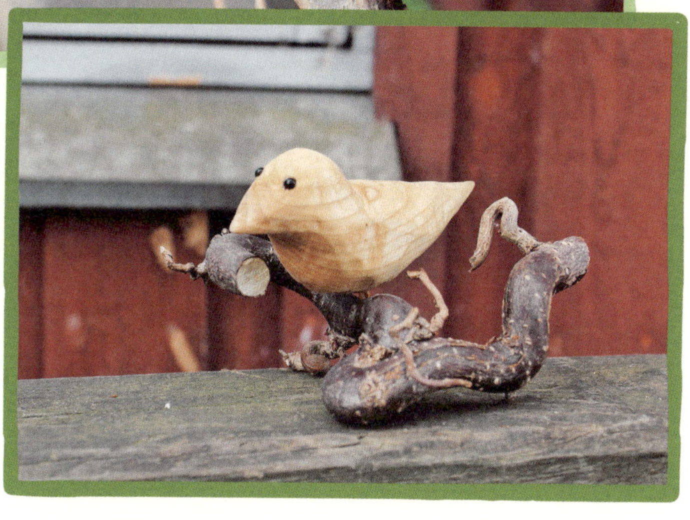

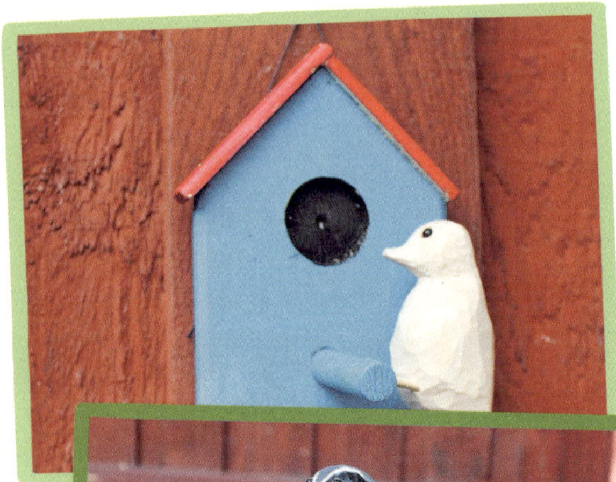

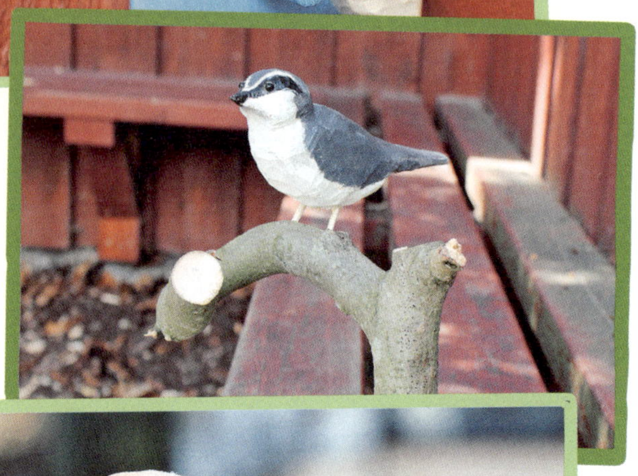

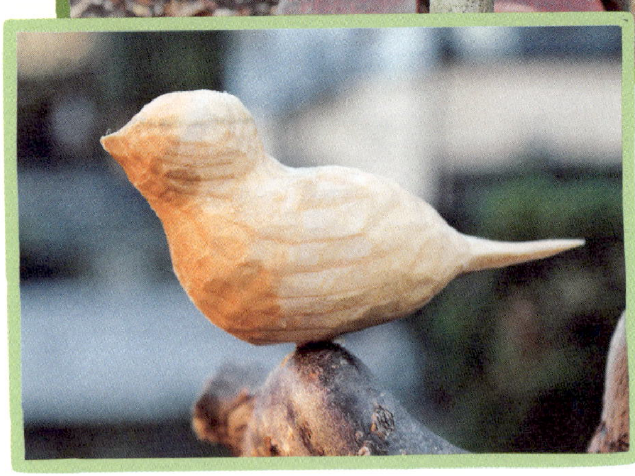

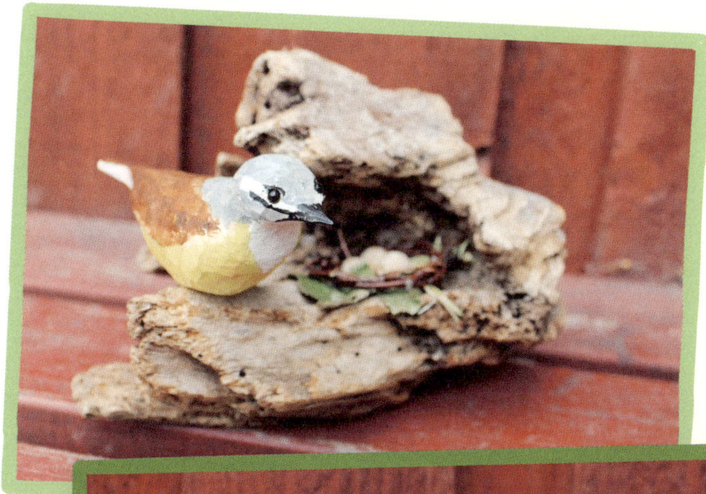

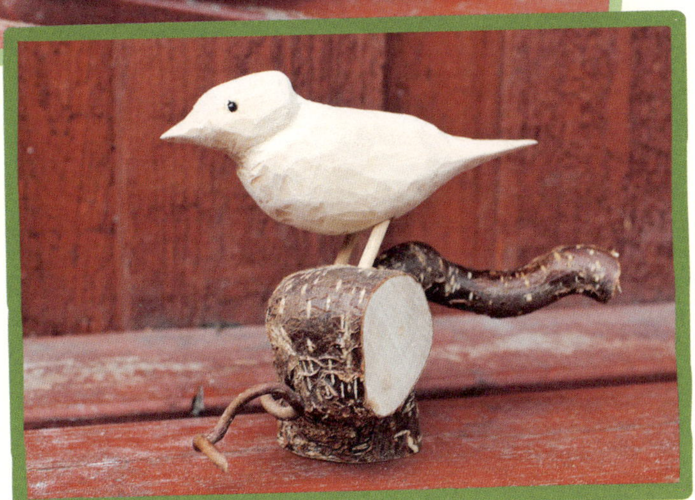

DIE VÖGEL BEMALEN

Um Ihren Vögeln wirklich Leben einzuhauchen, sollten Sie diese bemalen. Dabei können Sie sich ganz genau an der Natur orientieren oder Ihrer eigenen Farbfantasie freien Lauf lassen.

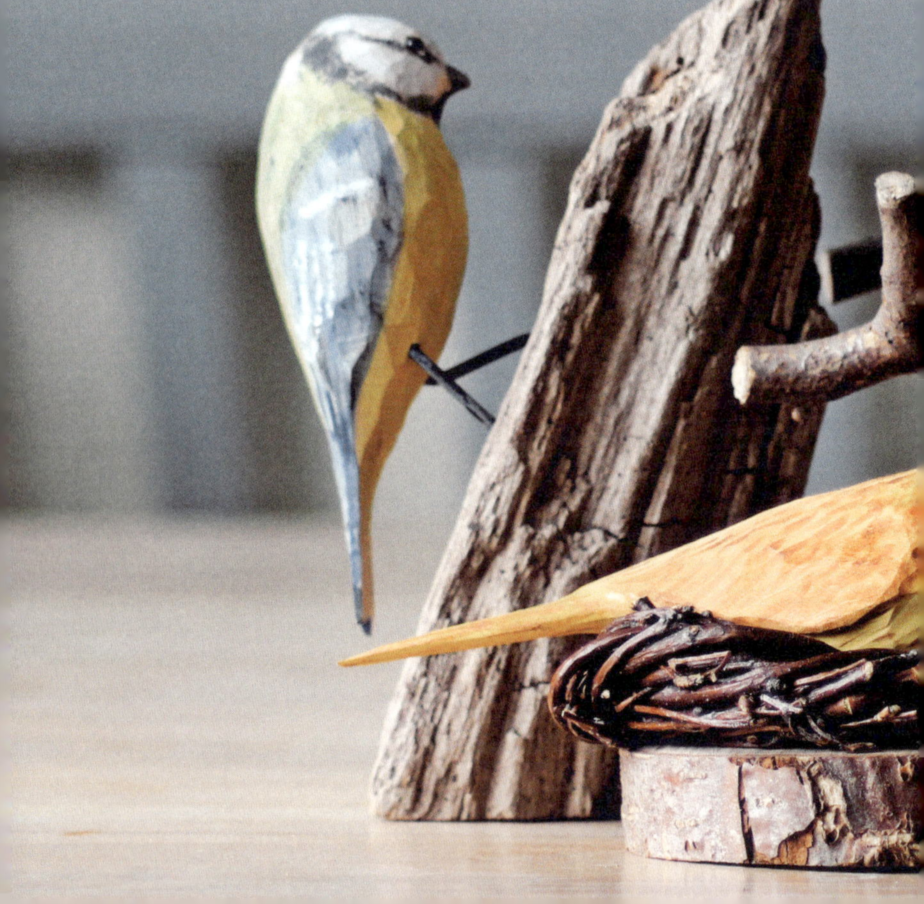

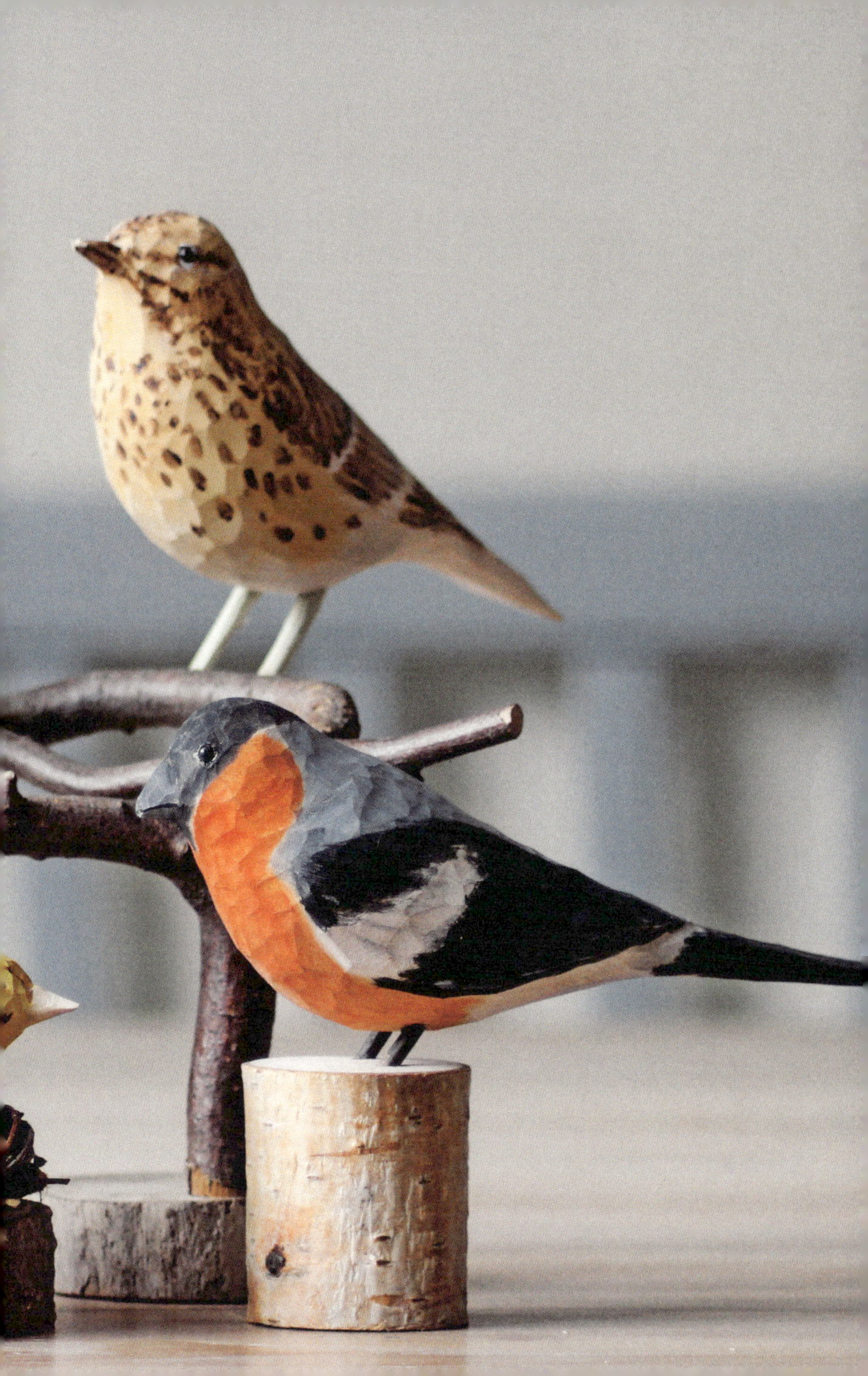

ALLGEMEINE MALHINWEISE

Verwenden Sie Acryl- oder Ölfarben. Die in diesem Buch gezeigten Vögel wurden alle mit leicht verdünnter Farbe bemalt, doch natürlich können Sie Ihren Vögeln auch ein kräftigeres Gefieder verleihen. Sollten Sie im Malen ungeübt sein, empfiehlt es sich, zunächst an Sperrholz oder Pappe zu üben, ehe Sie sich an Ihren wunderschön geschnitzten Vogel wagen. Als Vorlagen eignen sich Illustrationen etwas besser als Fotos, da sie meist das Gefieder und dessen Farben klarer zeigen.

Es gibt unzählige Malmethoden, doch die wichtigste Regel von allen ist: helle Farben als Erstes auftragen. Siehe die Schritt-für-Schritt-Anleitung ab Seite 50.

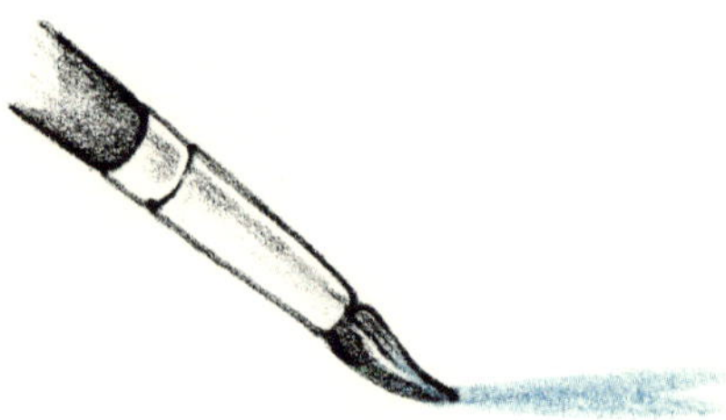

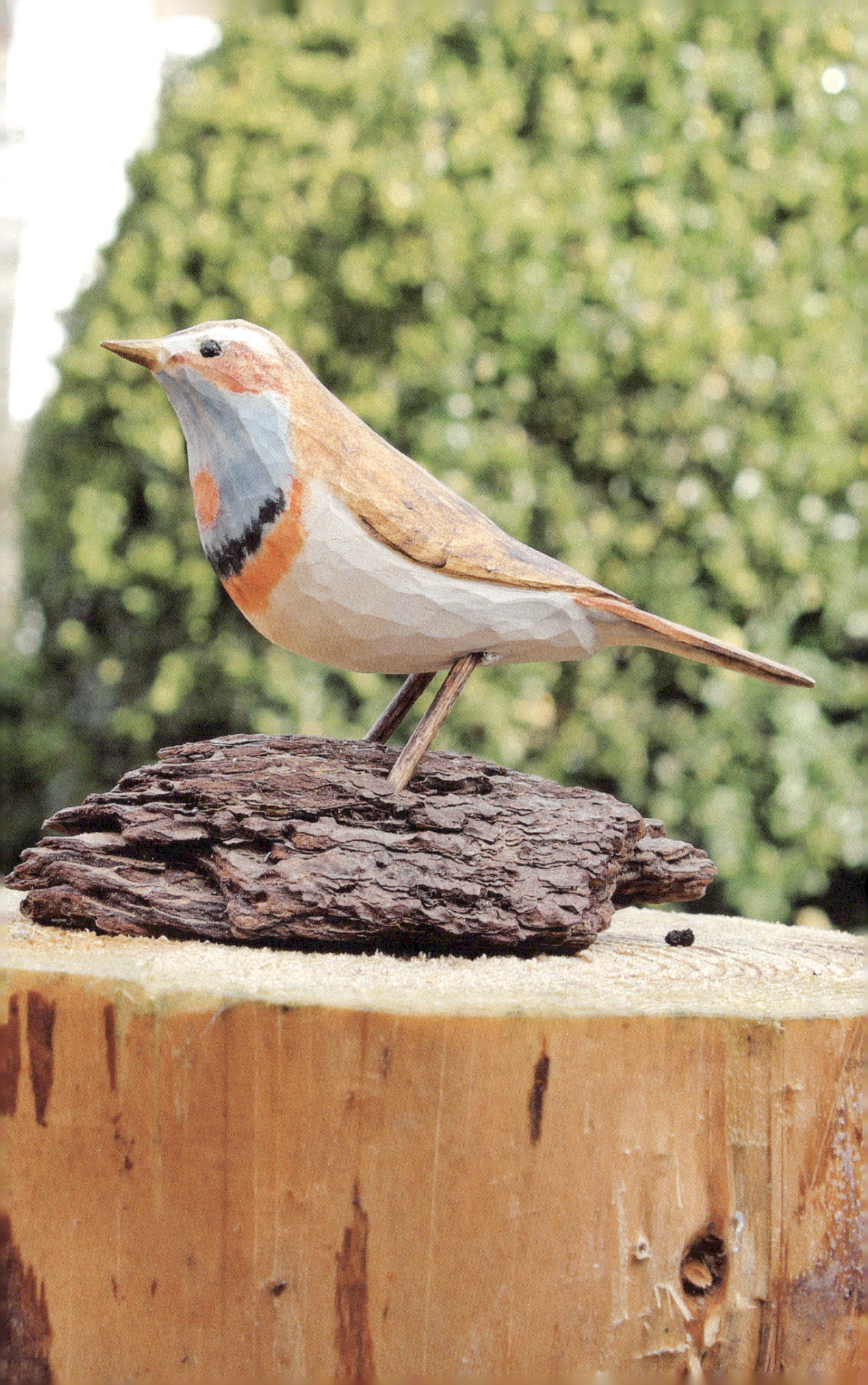

EINEN DOMPFAFF BEMALEN

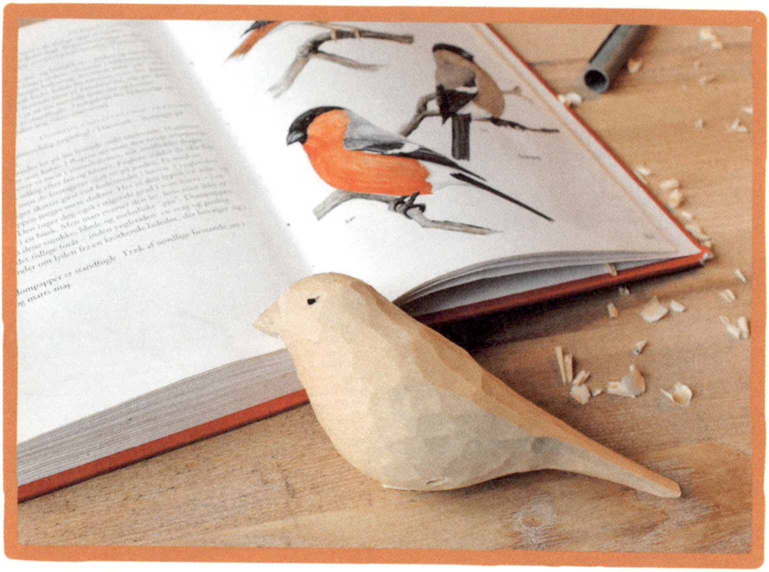

MATERIALIEN

- geschnitzter Vogel
- Illustration (oder Foto) als Vorlage
- Acrylfarbe
- Pinsel

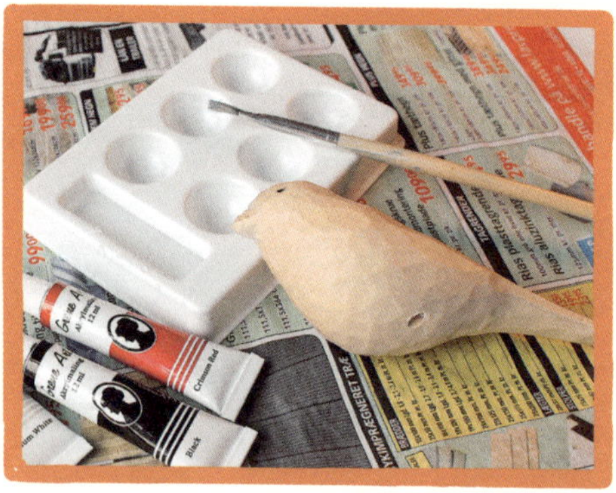

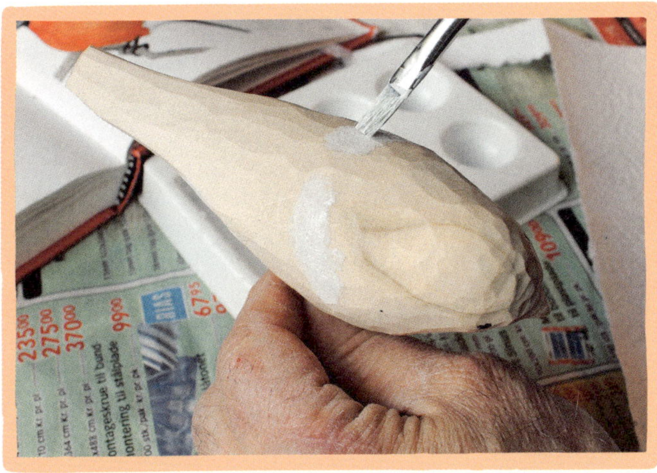

1. Bemalen Sie die entsprechenden weißen Stellen auf den Flügeln.

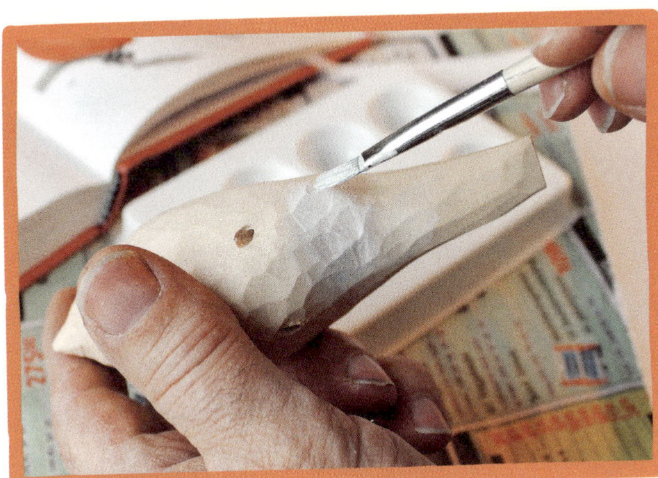

2. Fügen Sie das Weiß auf der Unterseite des Vogels hinzu.

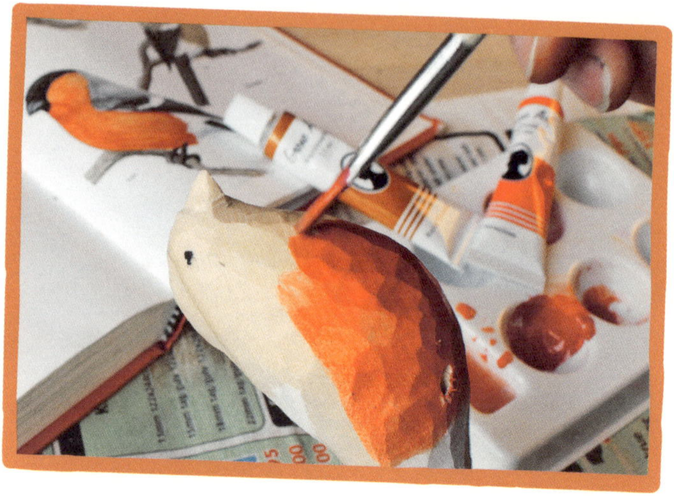

3. Verwenden Sie ein abgetöntes Rot (Rot und Hellbraun) für die Brust.

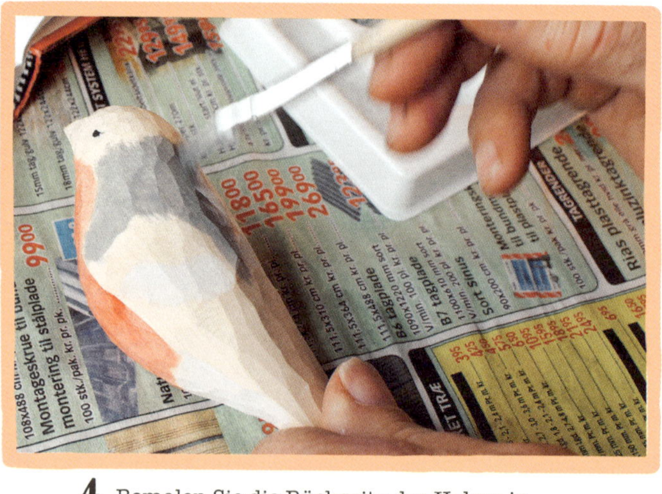

4. Bemalen Sie die Rückseite des Halses in Hellgrau.

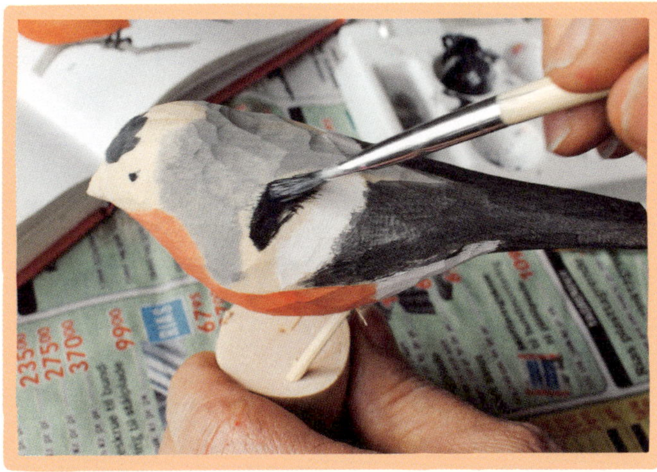

5. Bemalen Sie die schwarzen Stellen auf den Flügeln, am Schwanz und am Kopf.

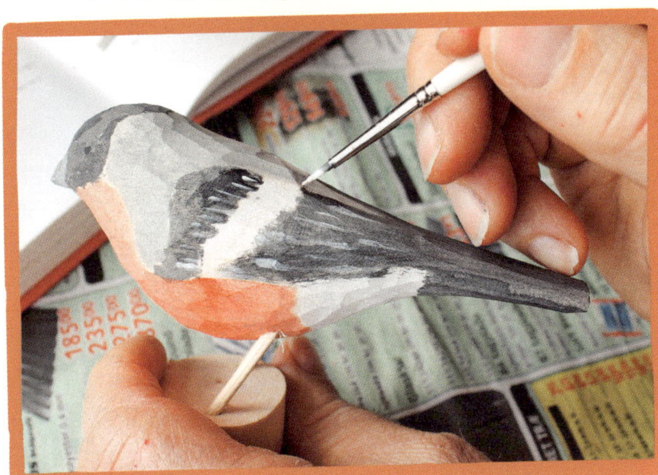

6. Der Schnabel wird hellgrau.

7. Wenn Sie mögen, setzen Sie dünne weiße Streifen als Akzente auf die Flügel.

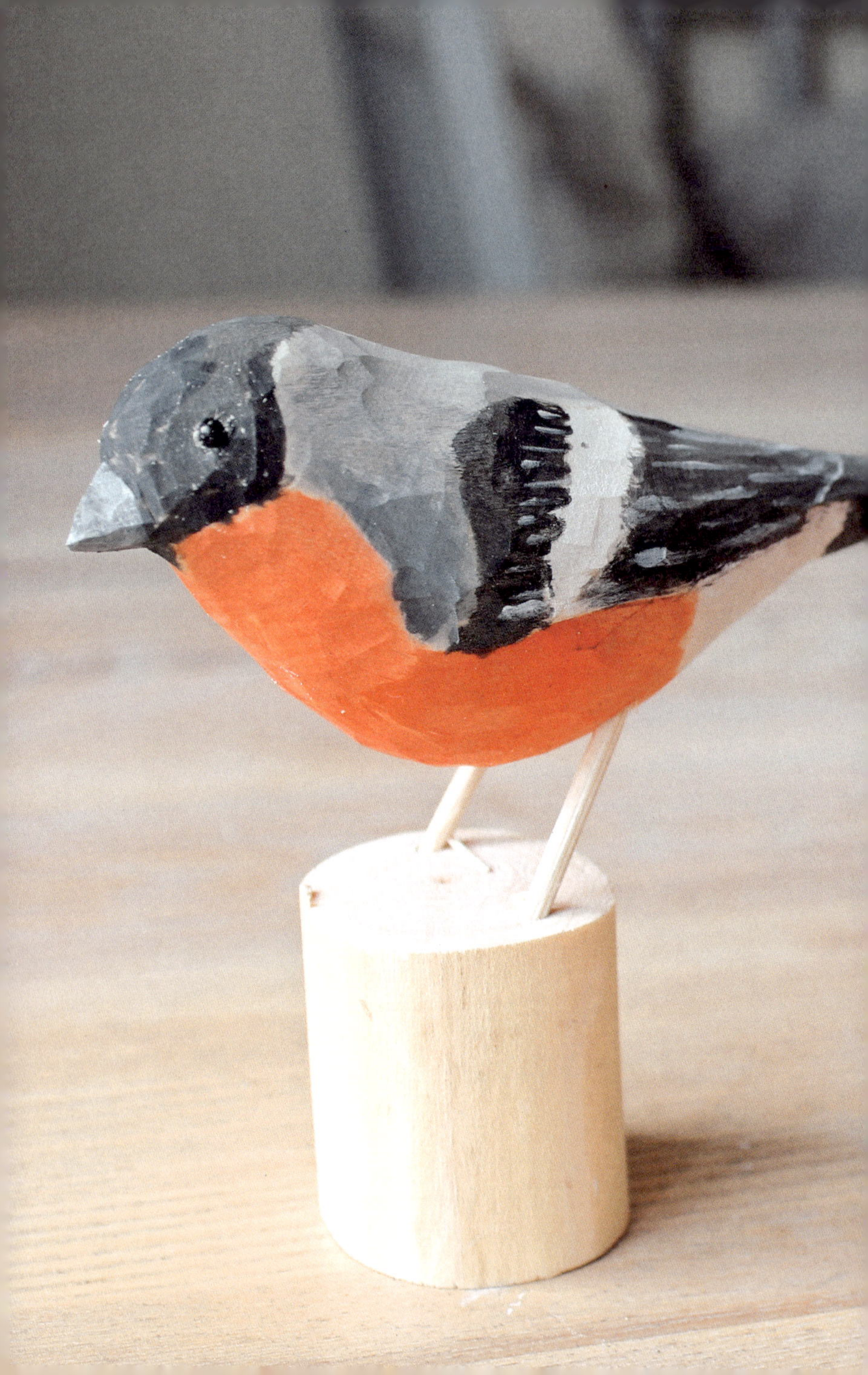

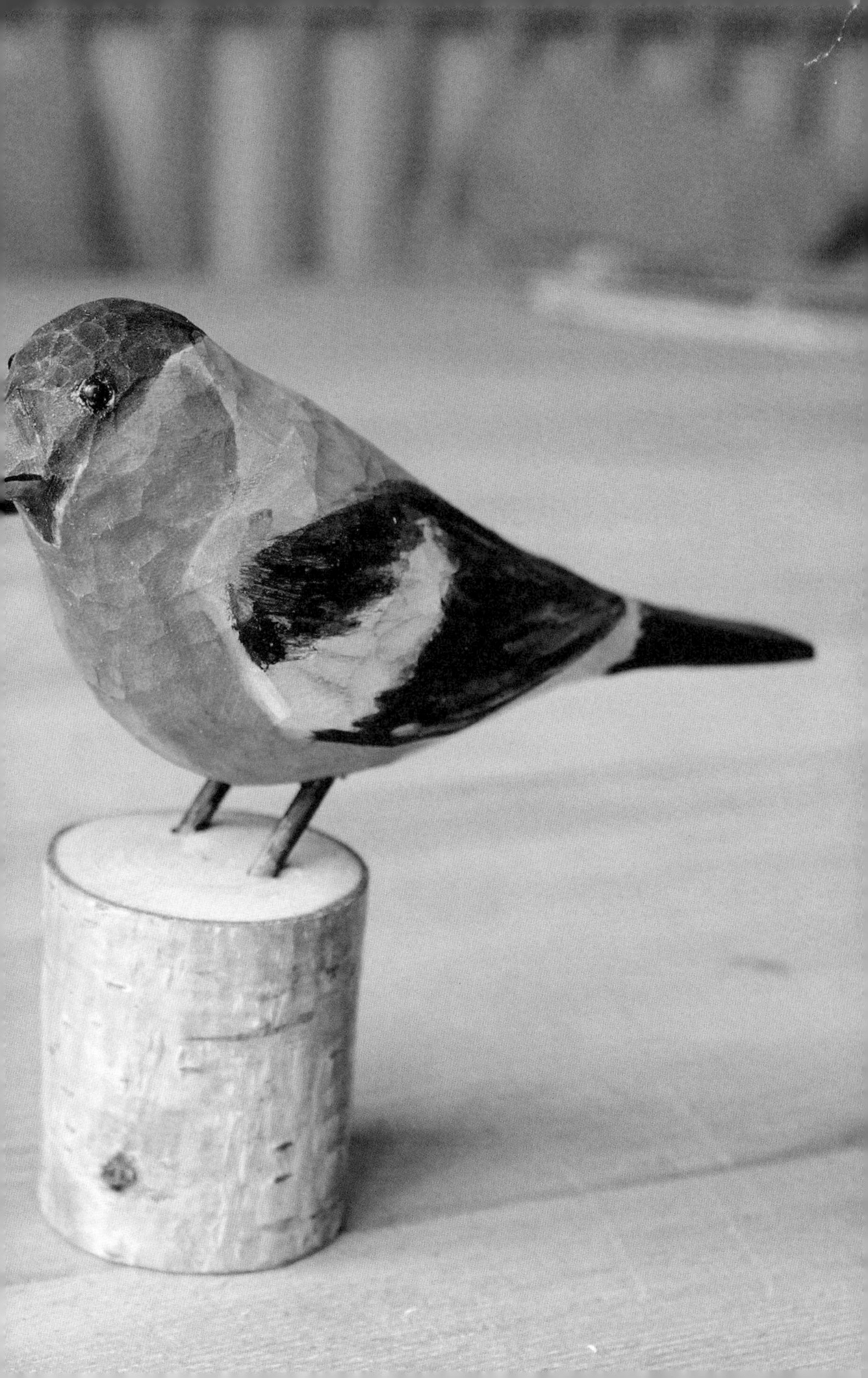

EINE BLAUMEISE BEMALEN

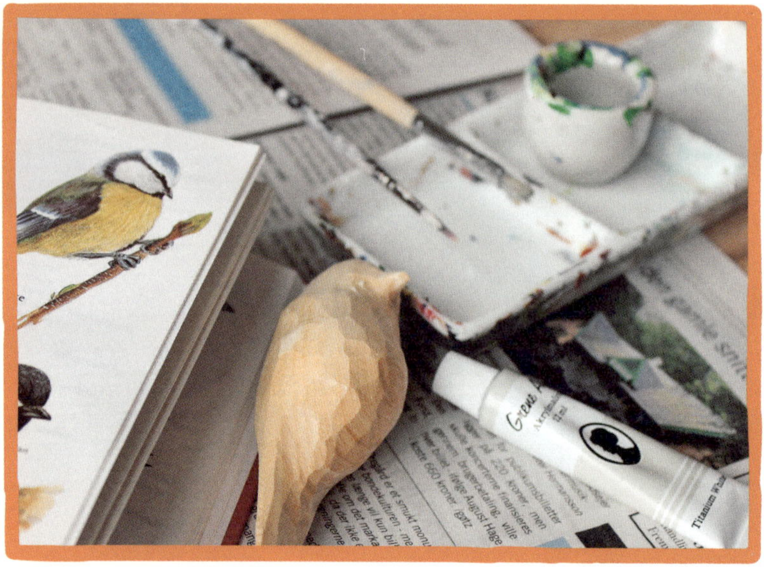

MATERIALIEN

- geschnitzter Vogel
- Illustration (oder Foto) als Vorlage
- Acrylfarbe
- Pinsel

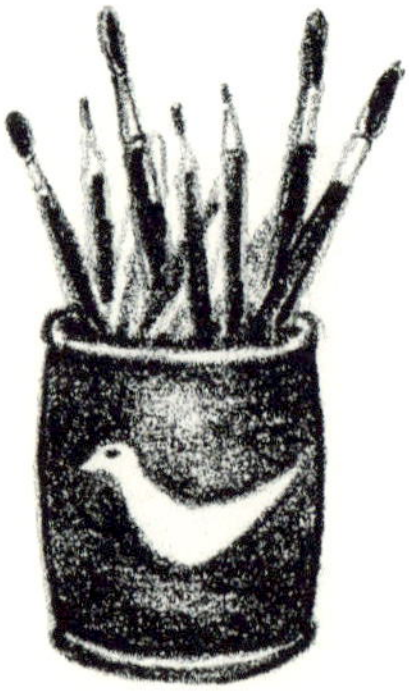

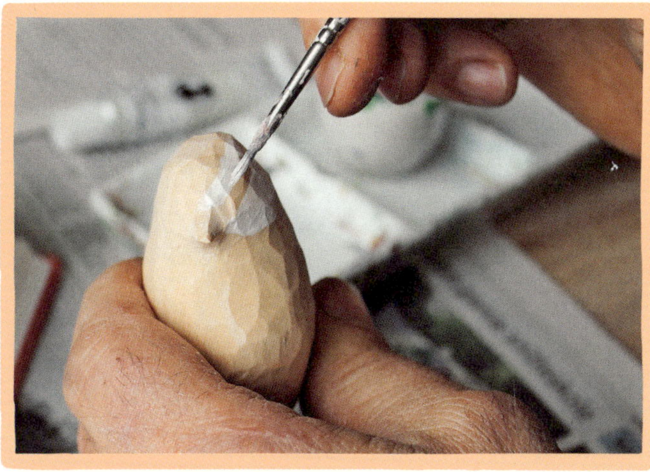

1. Bemalen Sie die entsprechenden weißen Stellen am Kopf.

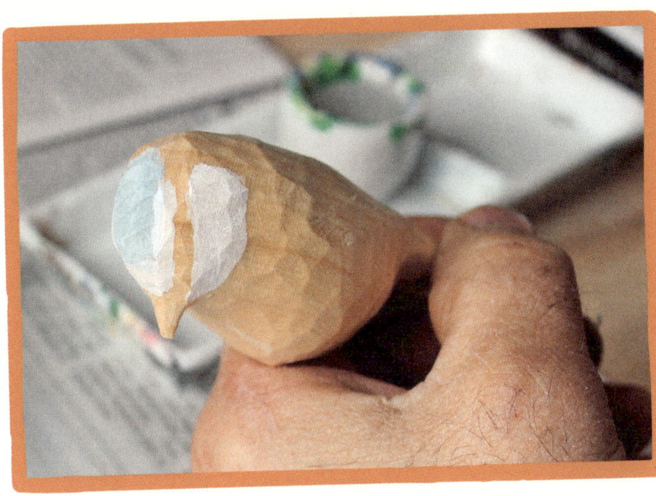

2. Mischen Sie ein zartes Blau und bemalen Sie damit den obersten Teil des Kopfes.

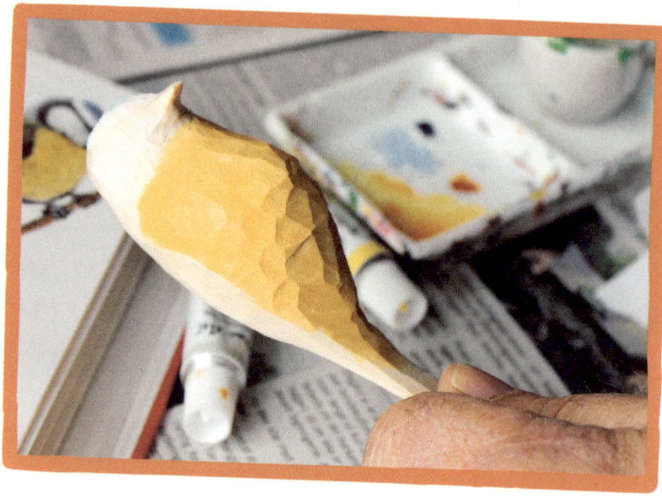

3. Bemalen Sie mit Gelb den Brustbereich.

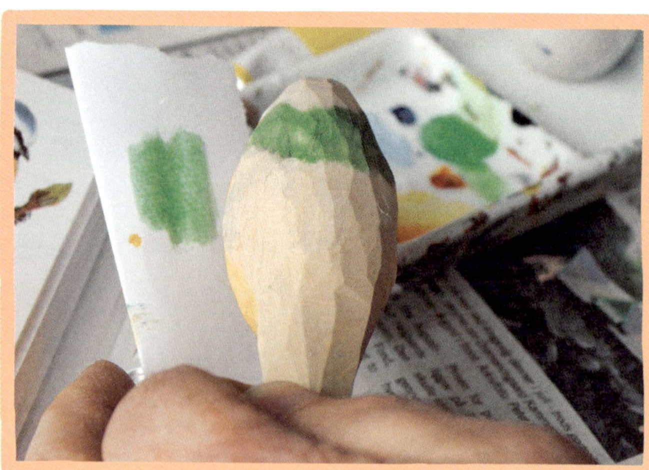

4. Für die Rückseite des Halses verwenden Sie einen Grünton, den Sie eventuell mit etwas verdünntem Schwarz mischen.

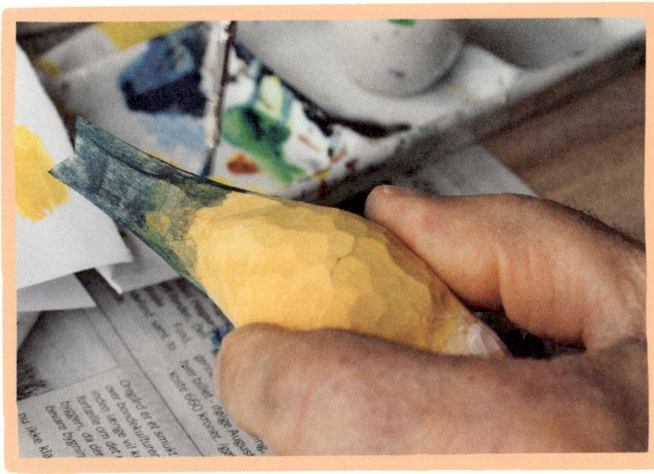

5. Bemalen Sie die Flügel sowie den Schwanz mit Blau, in das Sie eventuell ein wenig verdünntes Schwarz geben.

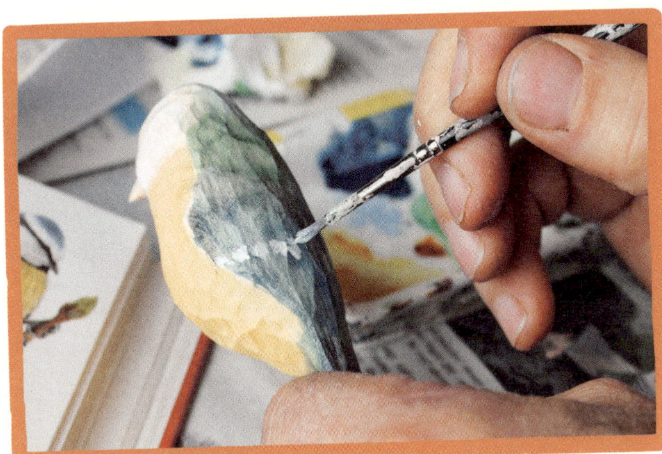

6. Für die Rückseite des Kopfes verwenden Sie weiße Farbe, mit der Sie zudem einige Akzente auf die Flügel malen können.

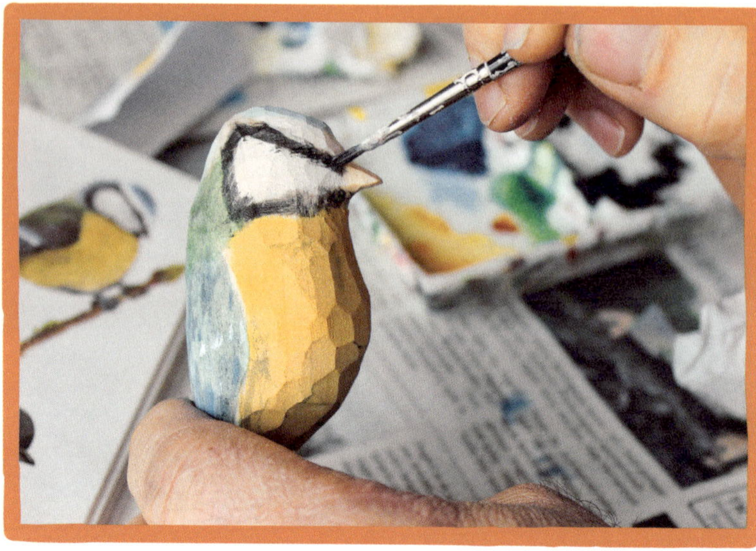

7. Setzen Sie mit sanften Pinselstrichen die schwarzen Markierungen im Gesicht.

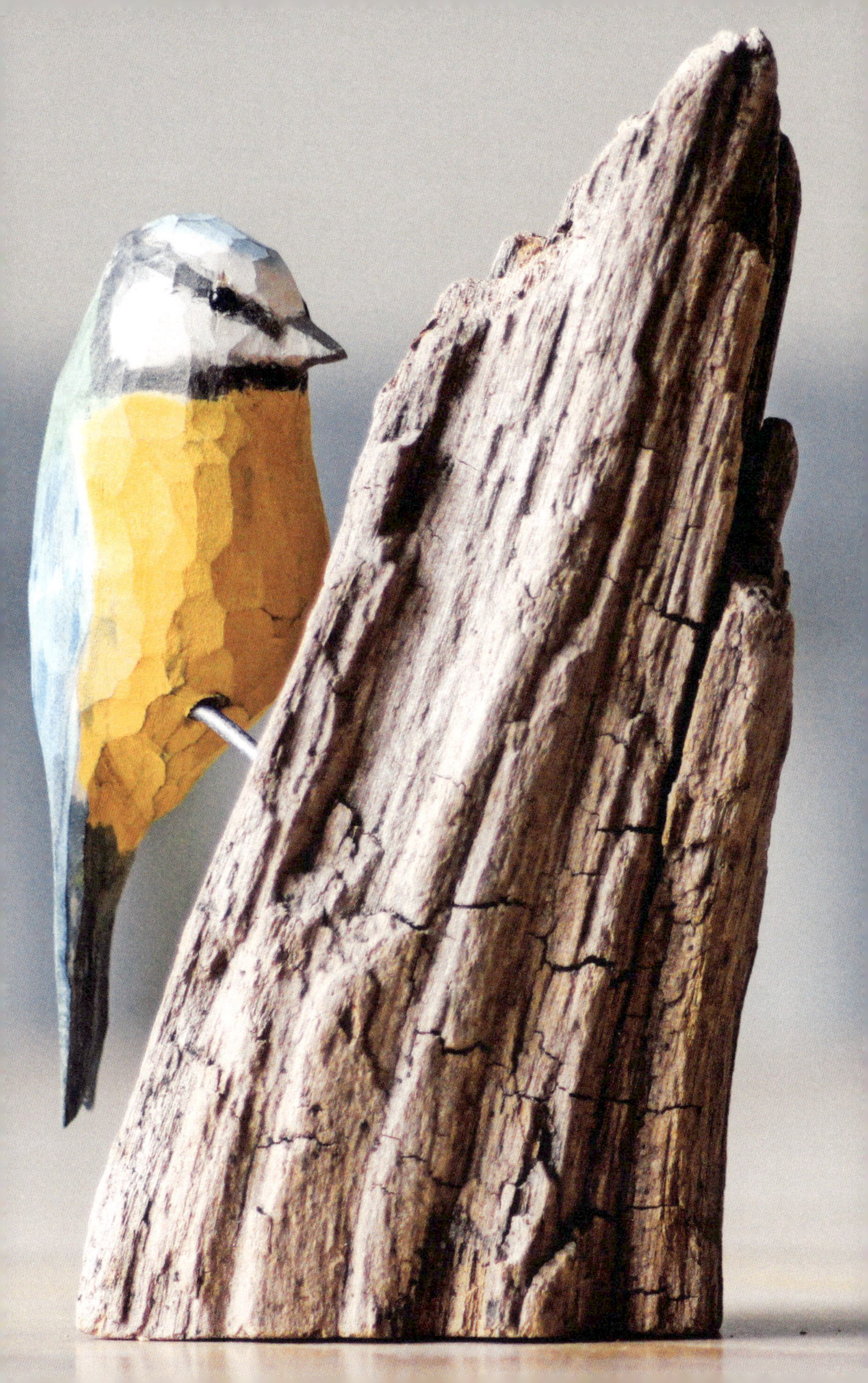

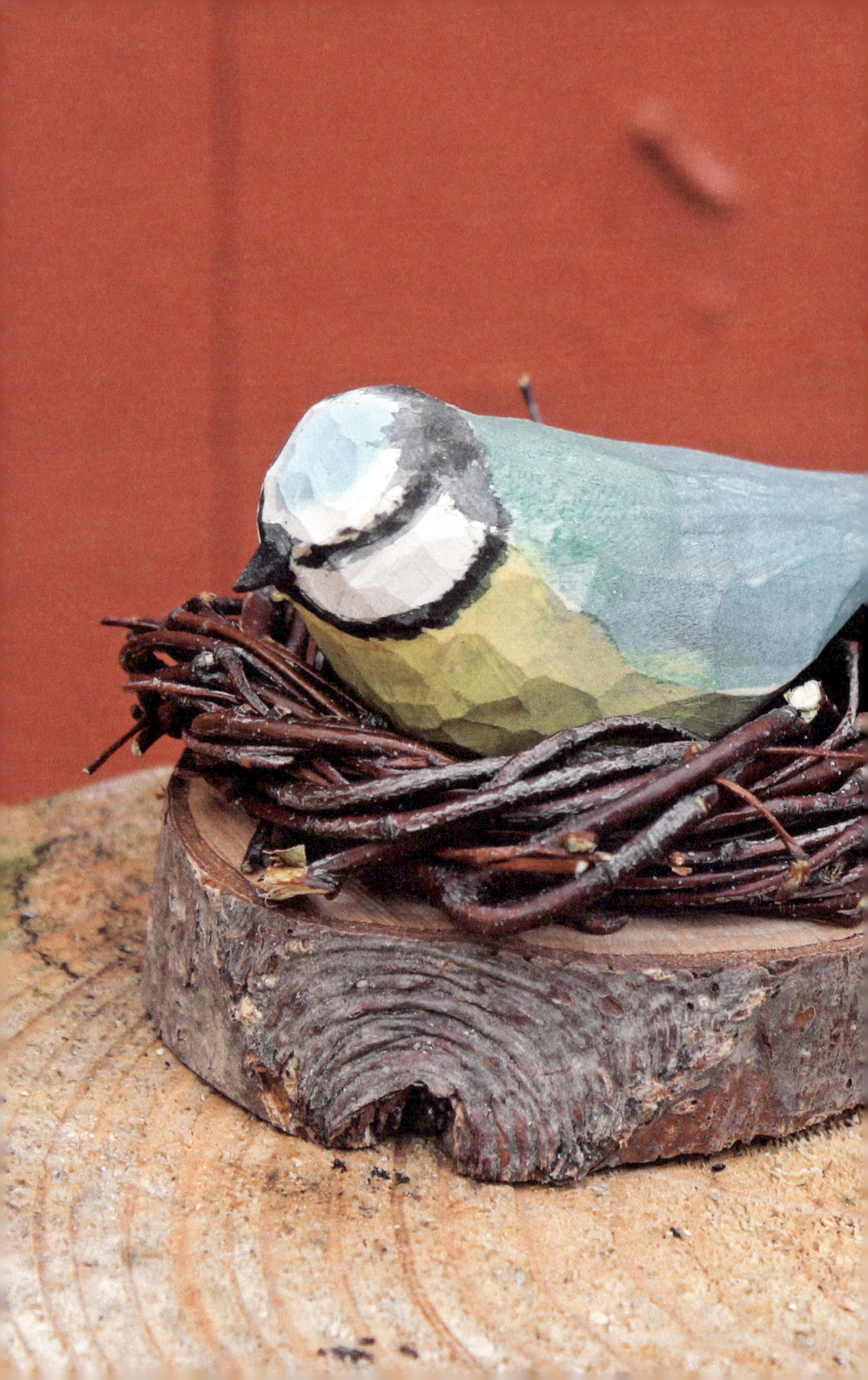

DEN VOGEL IN SZENE SETZEN

Eine schöne Halterung oder ein passender Untergrund kann zum dekorativen Gesamteindruck beitragen. Hierfür eignen sich sowohl Treibholz vom Strand als auch herabgefallene Äste, Zweige oder Rinde aus dem Wald – auf den folgenden Seiten finden sich dazu einige schöne Ideen.

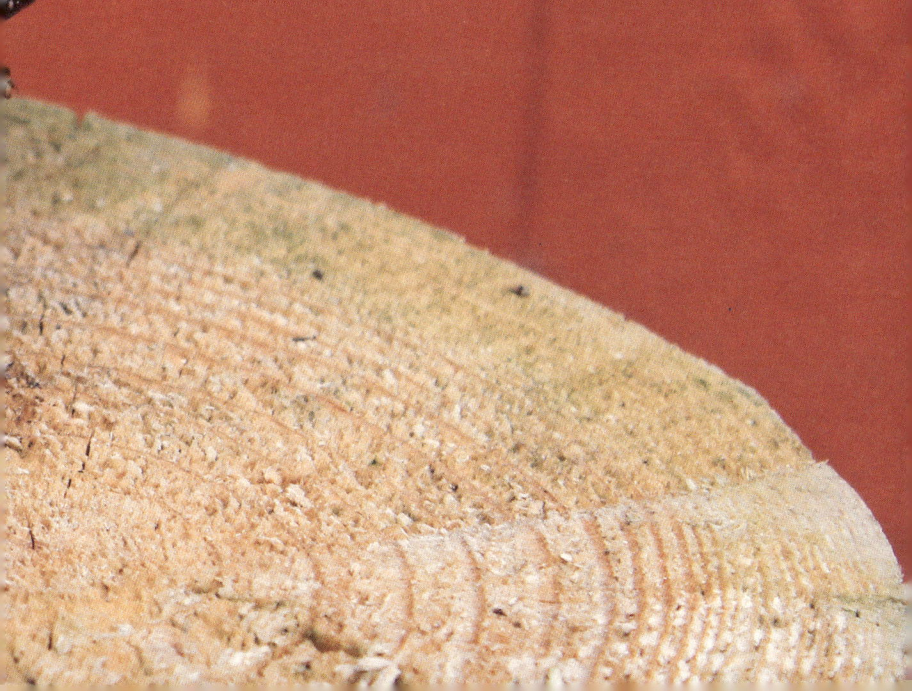

BEINE

Bevor Sie die Beine einsetzen, sollten Sie entscheiden, worauf der Vogel befestigt wird und in welcher Pose. Hier finden Sie einige interessante Ideen und Anregungen.

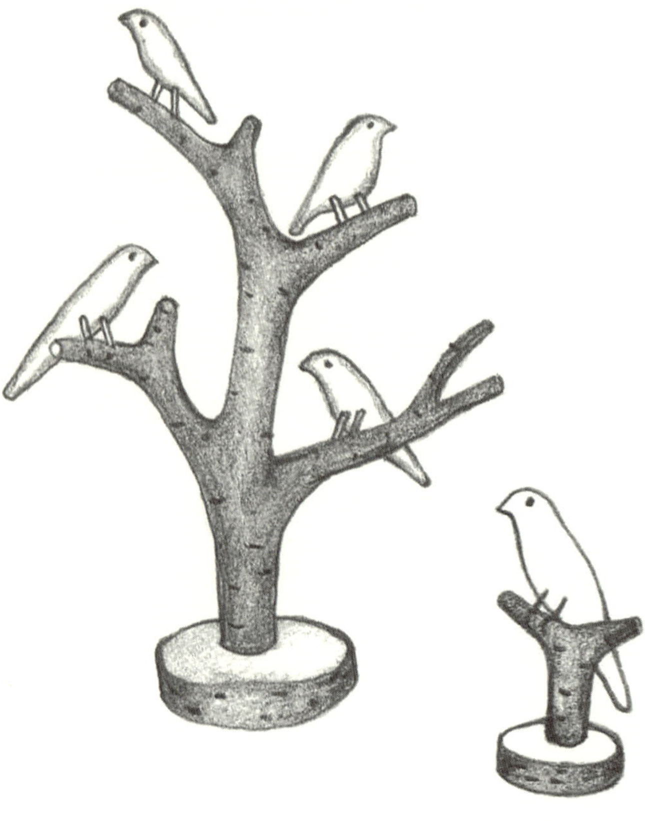

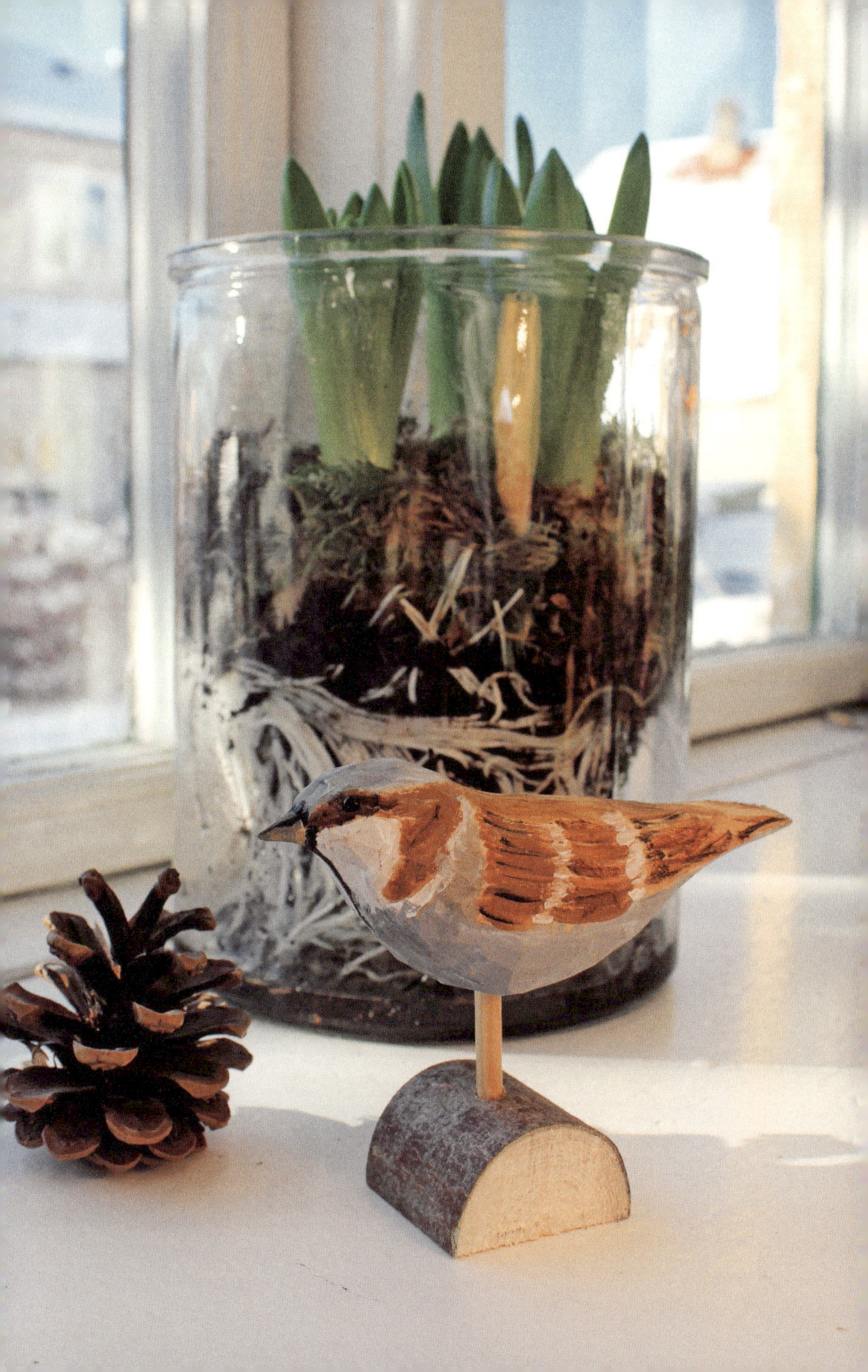

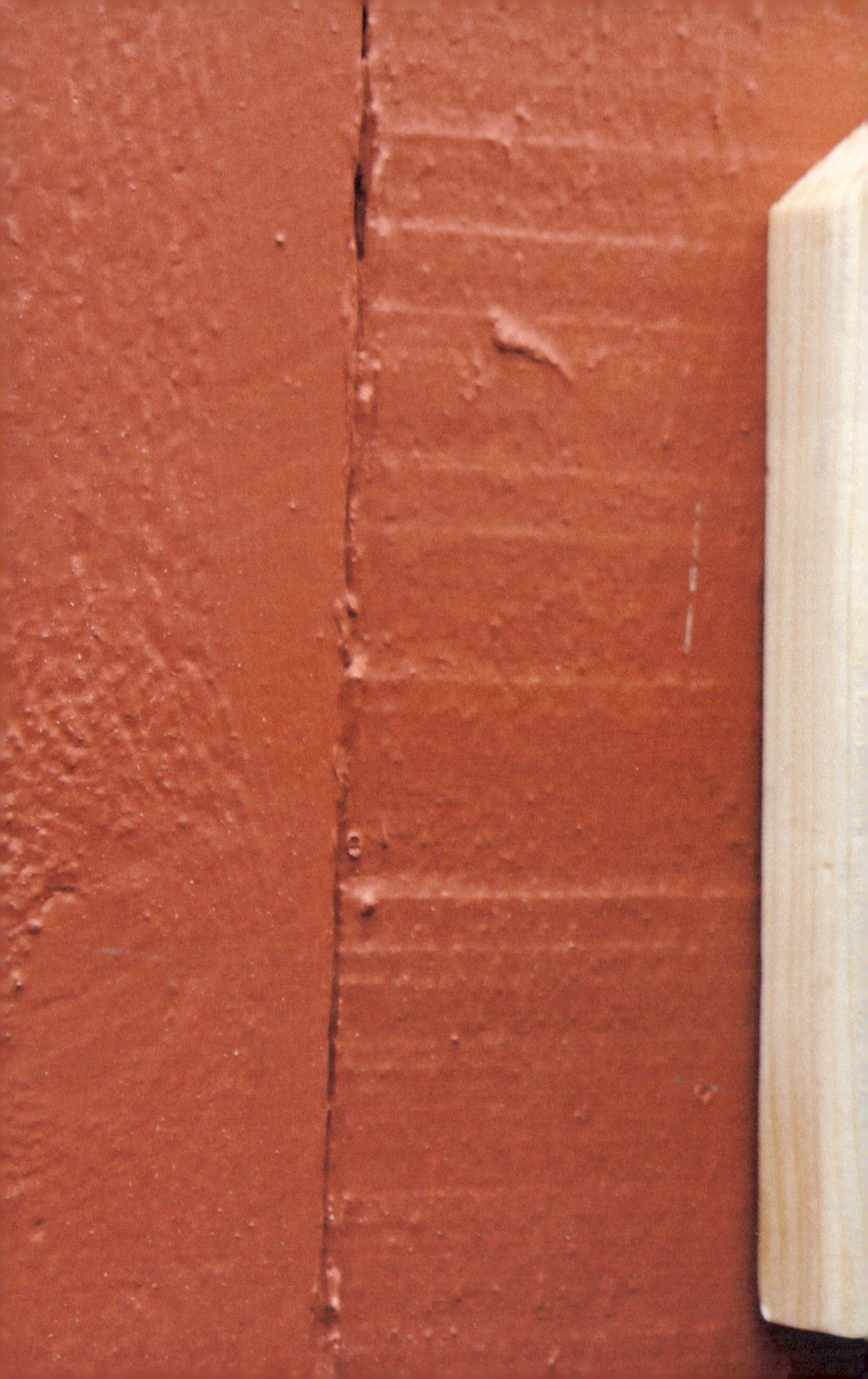

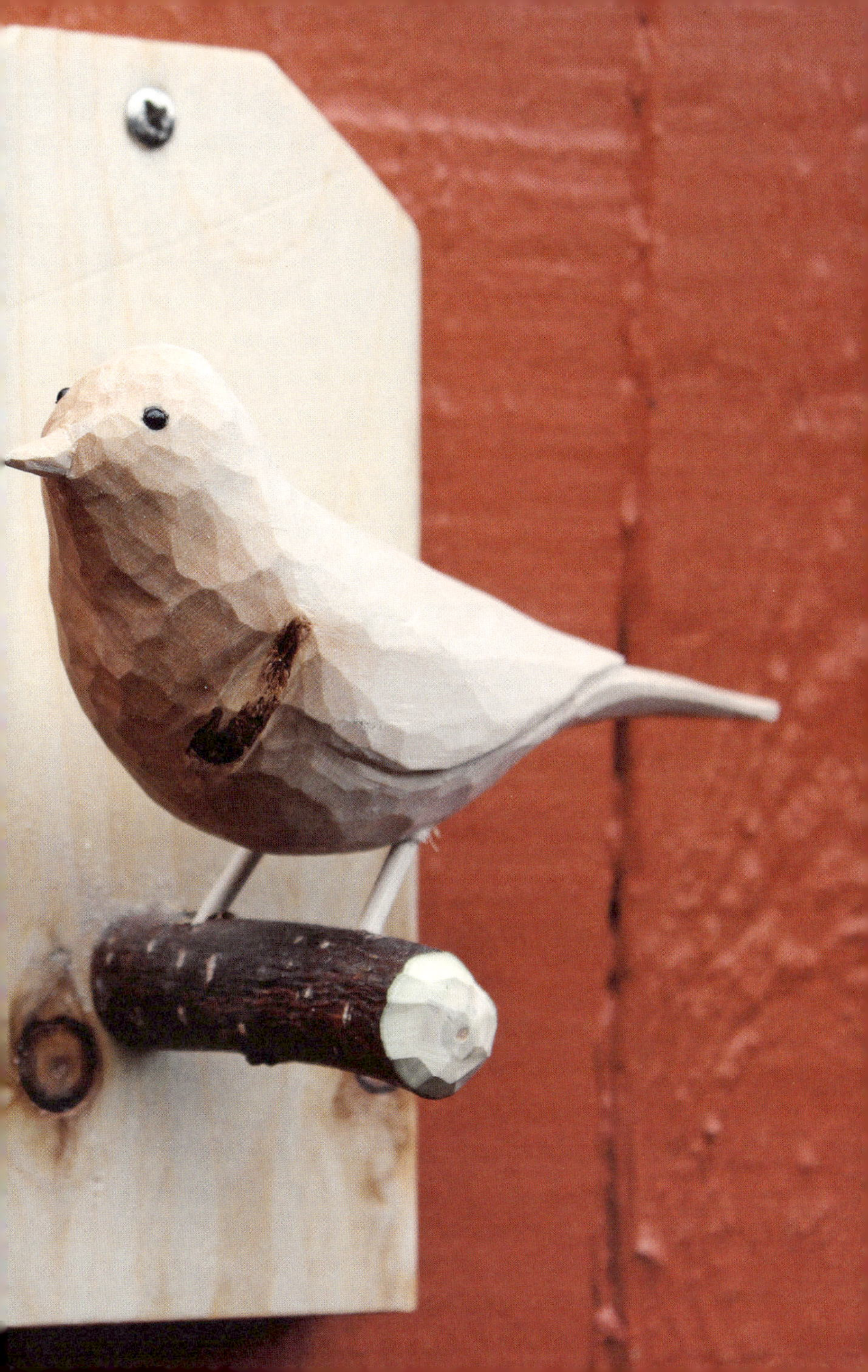

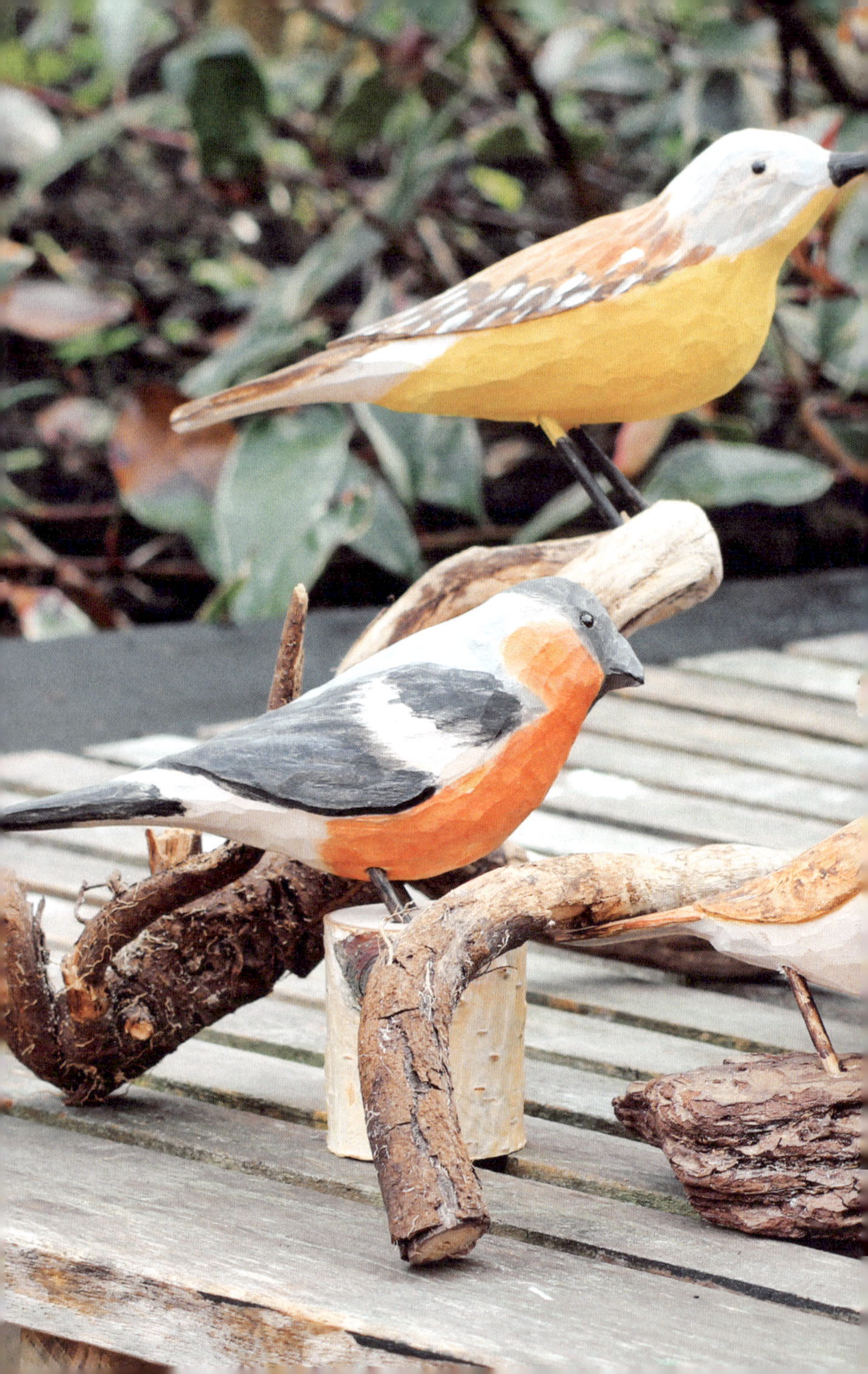

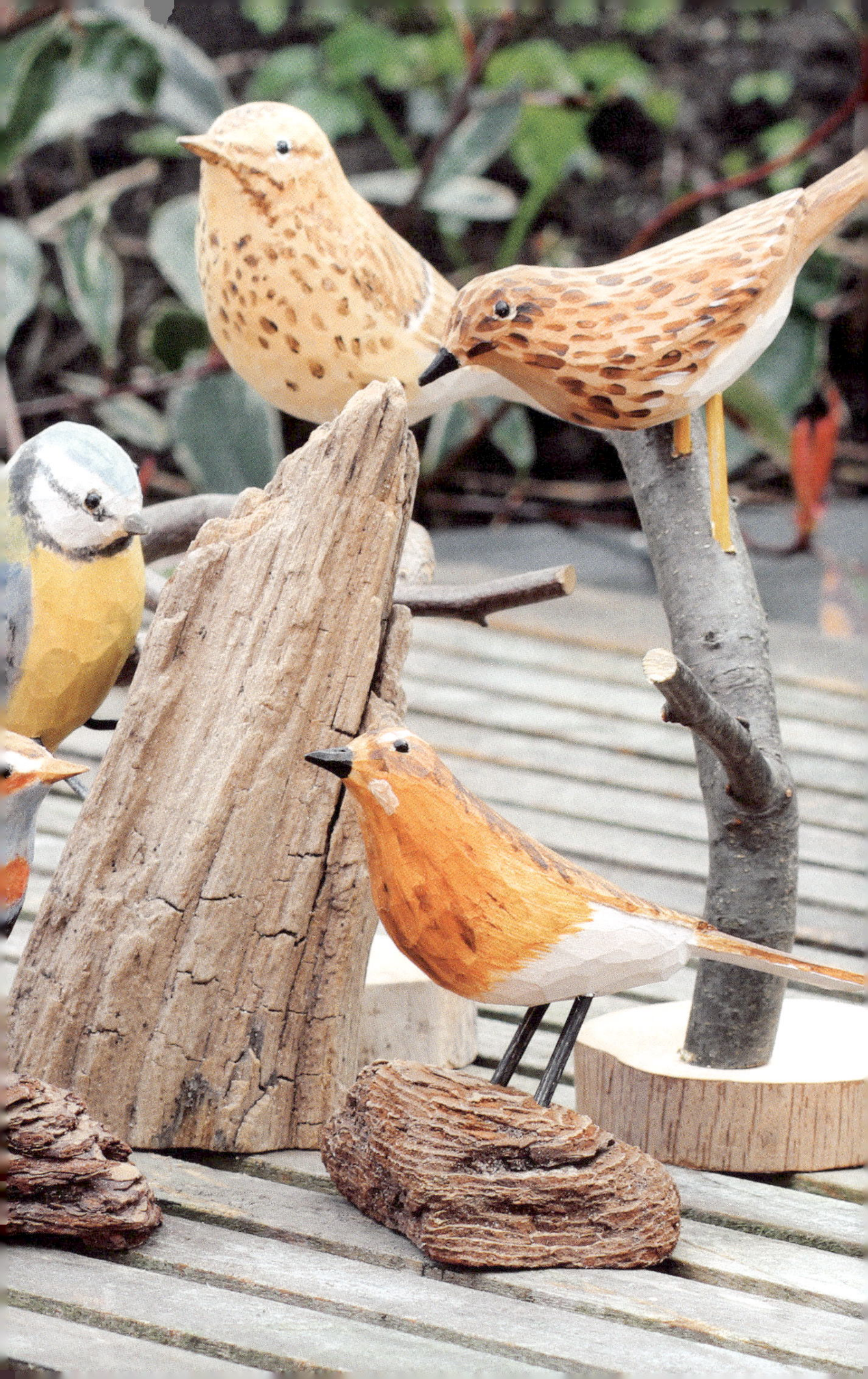

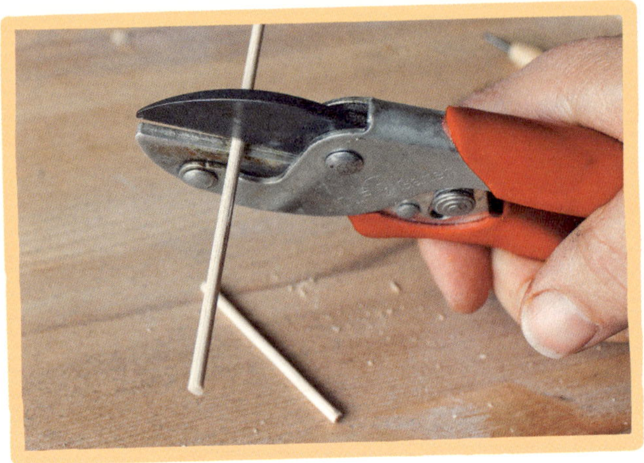

1. Verwenden Sie für die Beine am besten Bambusspieße oder Draht (eventuell für etwas mehr Festigkeit in sich verdreht). Schneiden Sie ein Beinpaar in der richtigen Länge zu.

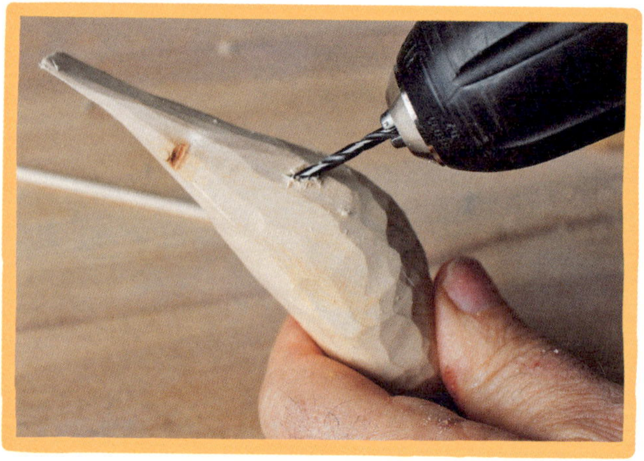

2. Bohren Sie an der Unterseite des Vogels in der Nähe des Schwanzes zwei entsprechende Löcher. Normalerweise zeigen die Beine diagonal nach vorne.

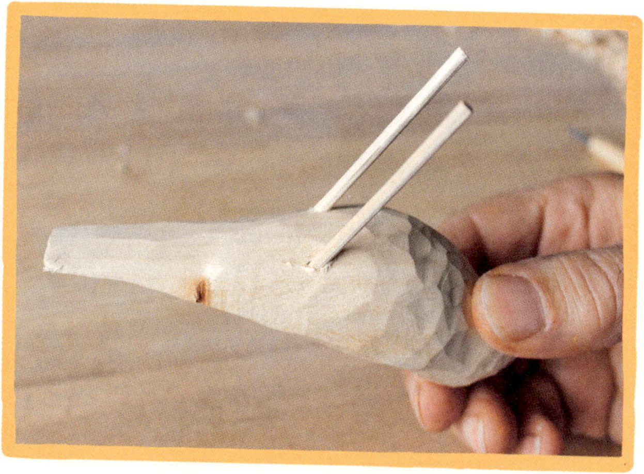

3. Leimen Sie die Beine in die vorgesehene Position.

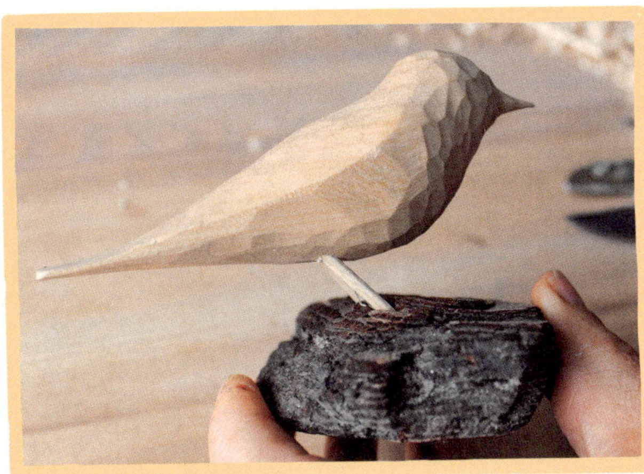

4. Bohren Sie in die Halterung zwei Löcher für die Beine. Beachten Sie dabei den Bohrwinkel: Dieser hängt davon ab, ob der Vogel nach oben, nach unten oder geradeaus schauen soll.

BEFESTIGEN OHNE BEINE

Um Ihren Vogel auch ohne Beine auf der Halterung befestigen zu können, bohren Sie zunächst an der Unterseite des Vogels ein Loch. Der Bohrwinkel hängt davon ab, ob der Vogel nach oben, nach unten oder geradeaus schauen soll. Kleben Sie nun einen Holzstift oder kleinen Dübel in das Loch, bohren Sie dann ein entsprechendes Loch in die Halterung und kleben Sie schließlich den Holzstift ein.

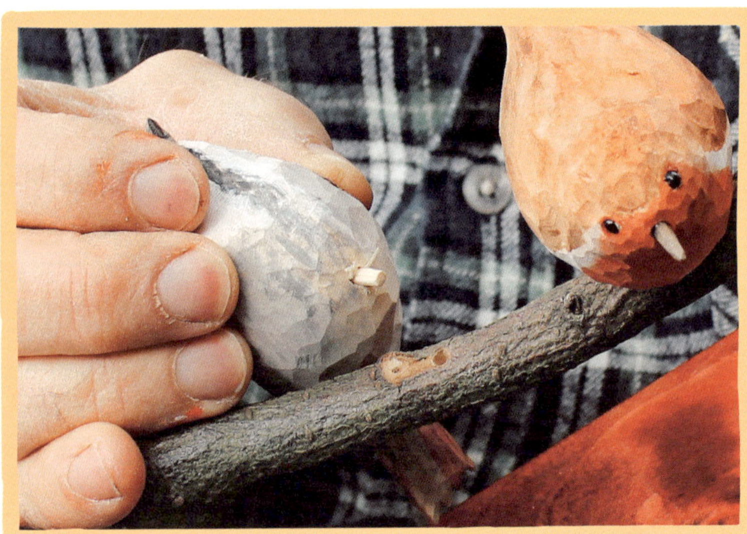

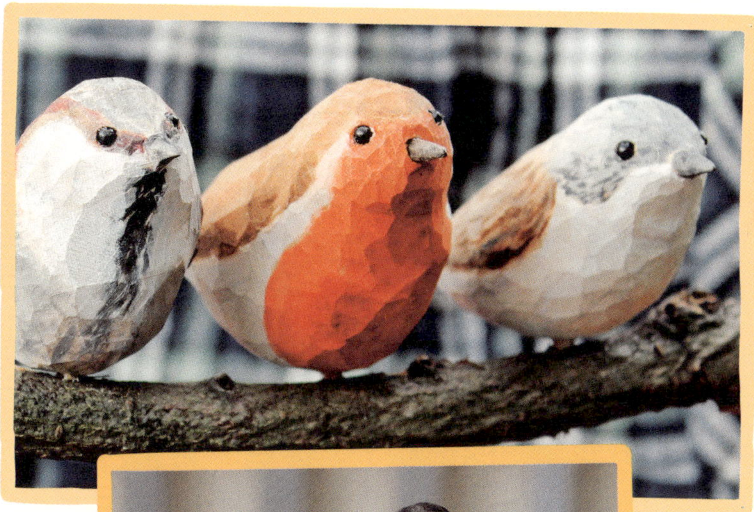

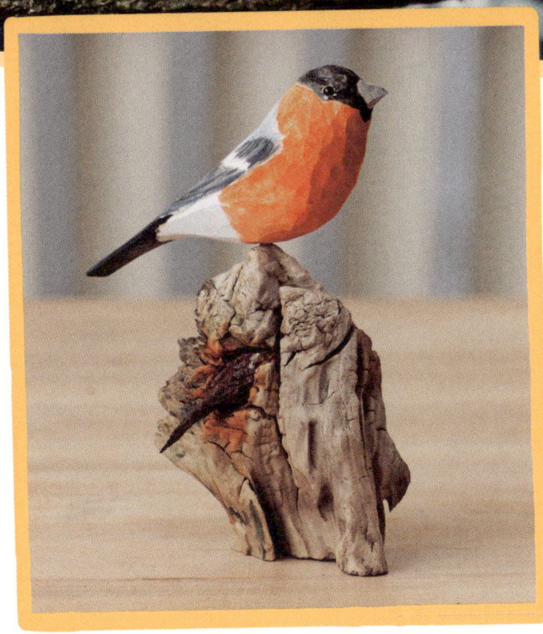

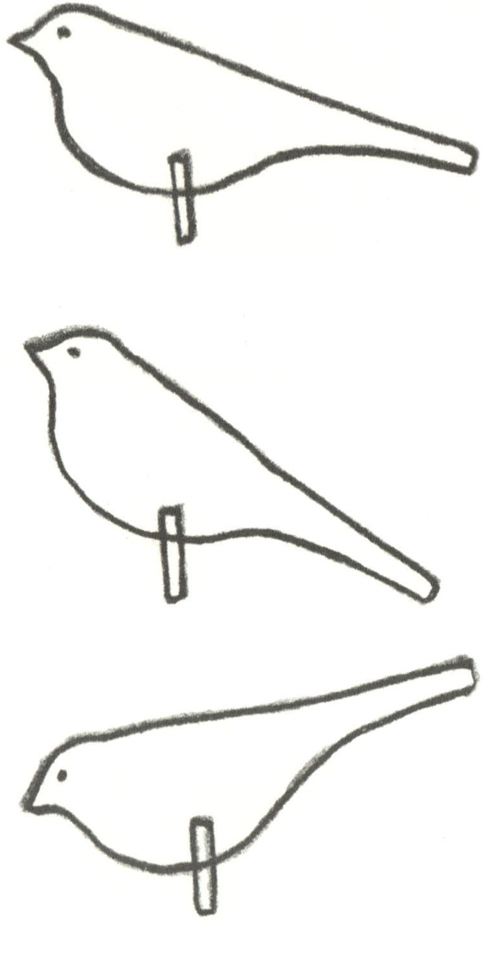

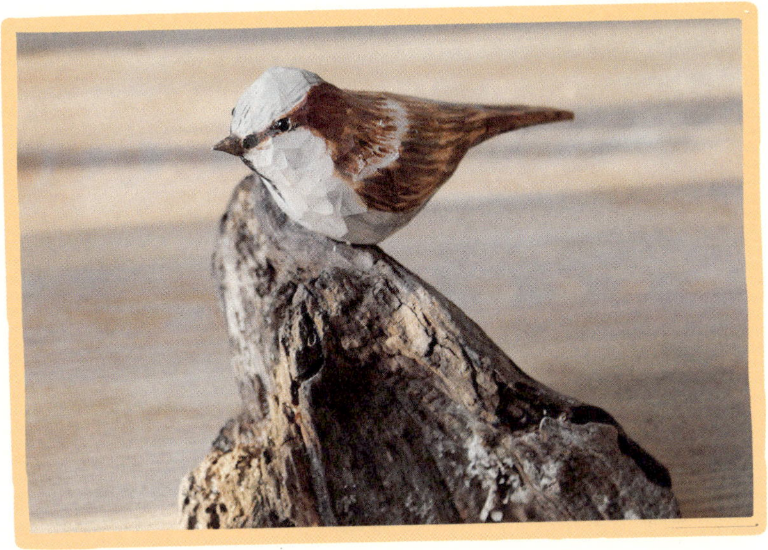

Wenn Sie sich die Möglichkeit bewahren wollen, dass sich die Blickrichtung des Vogels ändert, d. h. dass er sich seitlich drehen kann, dann befestigen Sie den Holzstift ohne Leim in der Halterung.

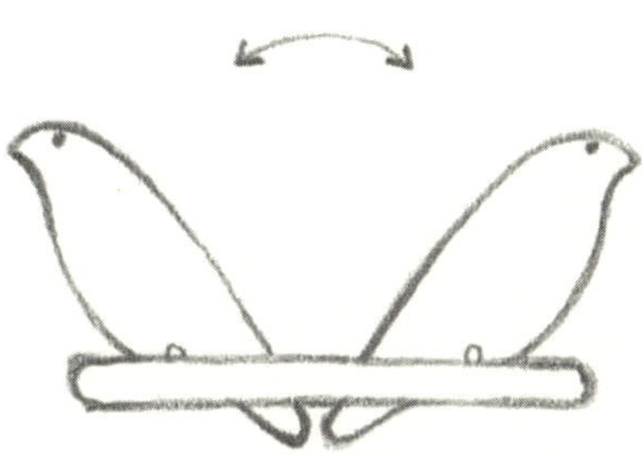

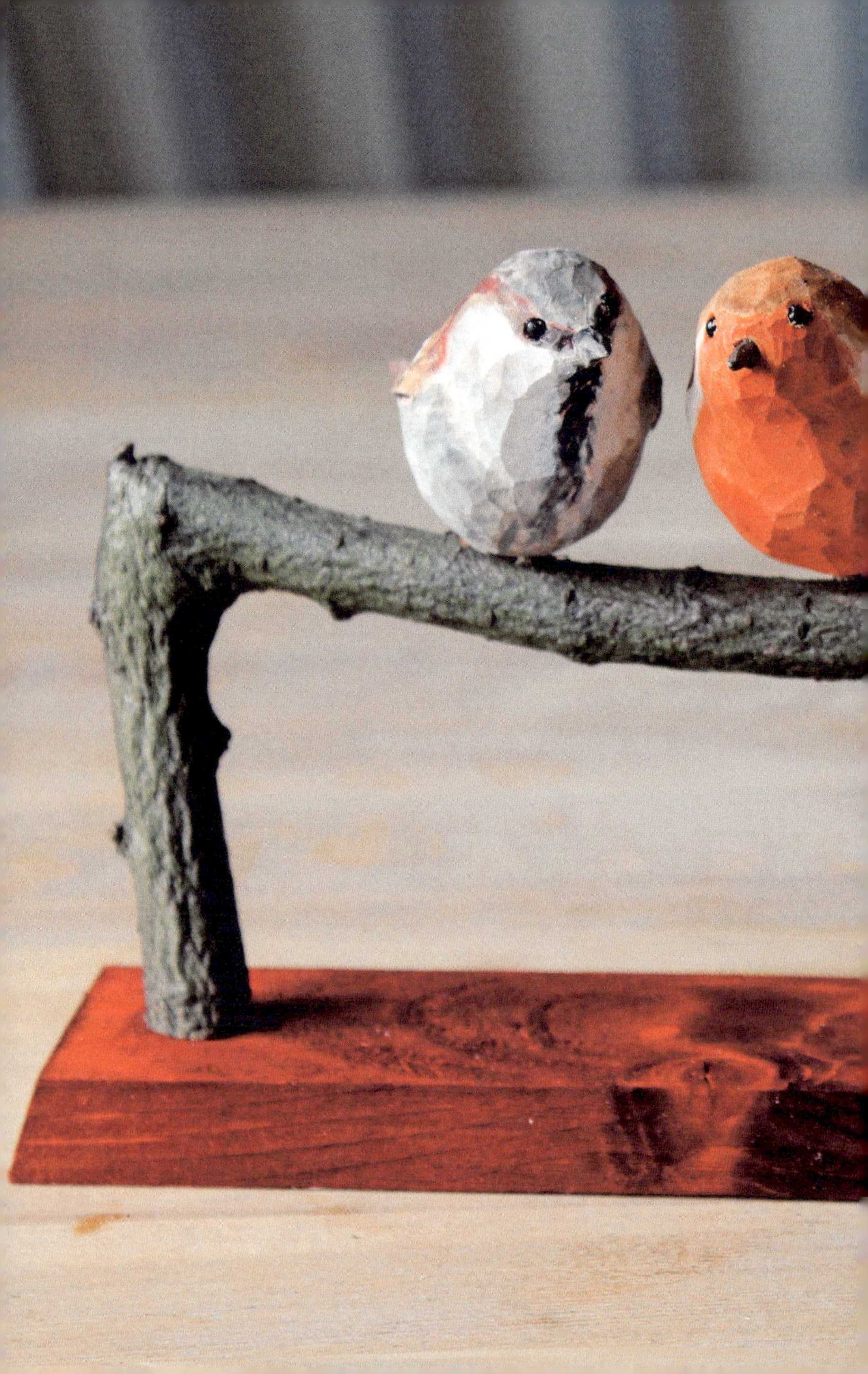

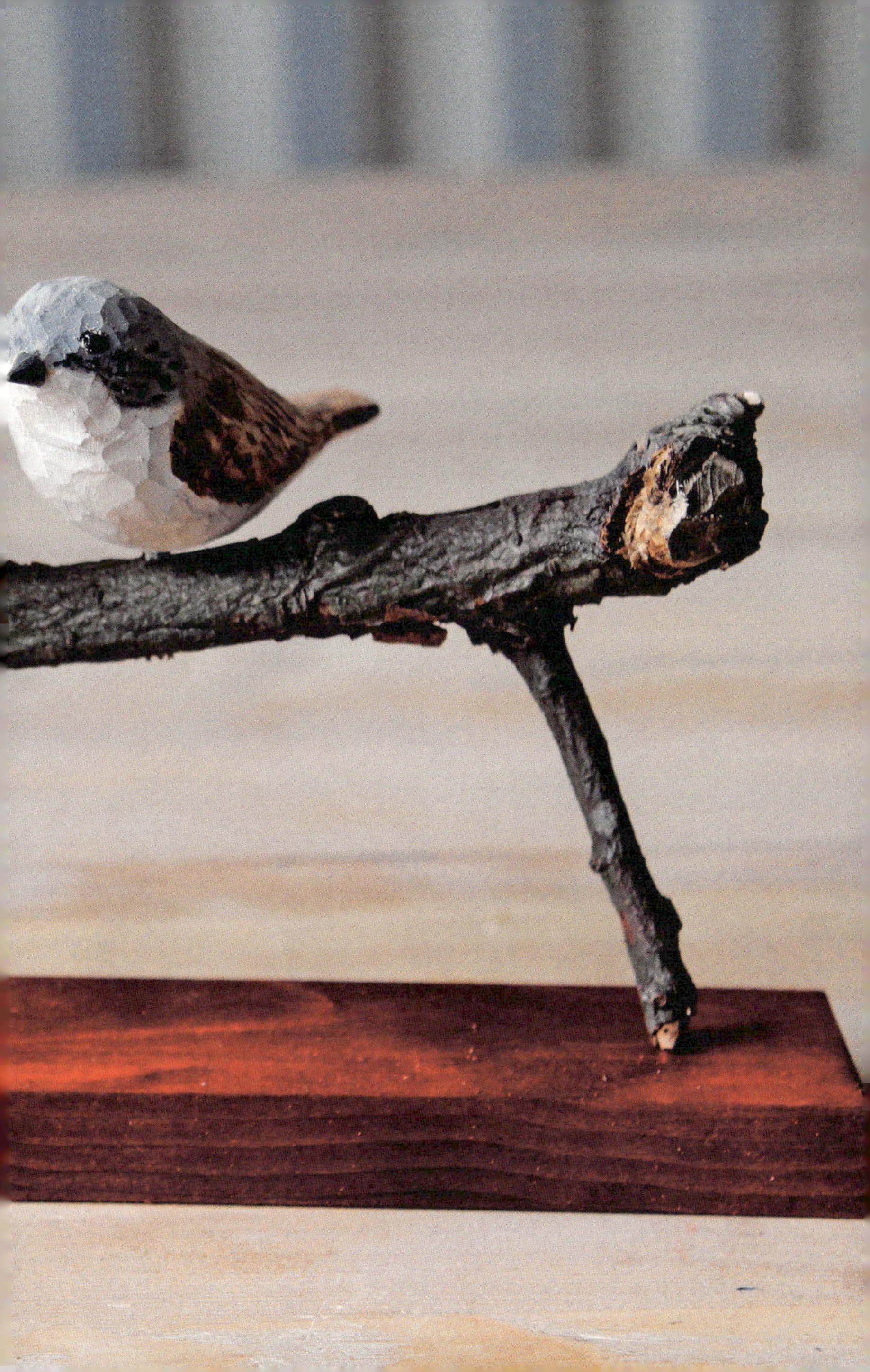

VOGEL AUF EINEM STAB

Um Ihren Vogel auf einem Stab in Szene zu setzen, sägen Sie zunächst eine passende Holzscheibe zu. Bohren Sie anschließend je ein Loch in die Mitte der Scheibe sowie in die Unterseite des Vogels. Nun das Ganze mit einem Stück Metall, einem passenden Zweig oder einem Holzstab zusammenfügen. Wenn nötig die einzelnen Teile miteinander verkleben (leimen).

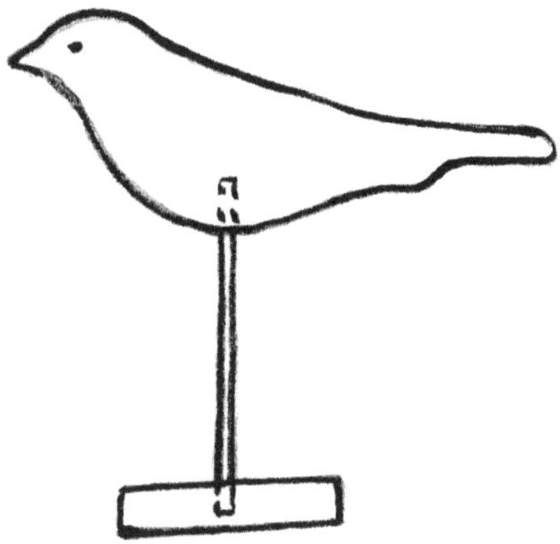

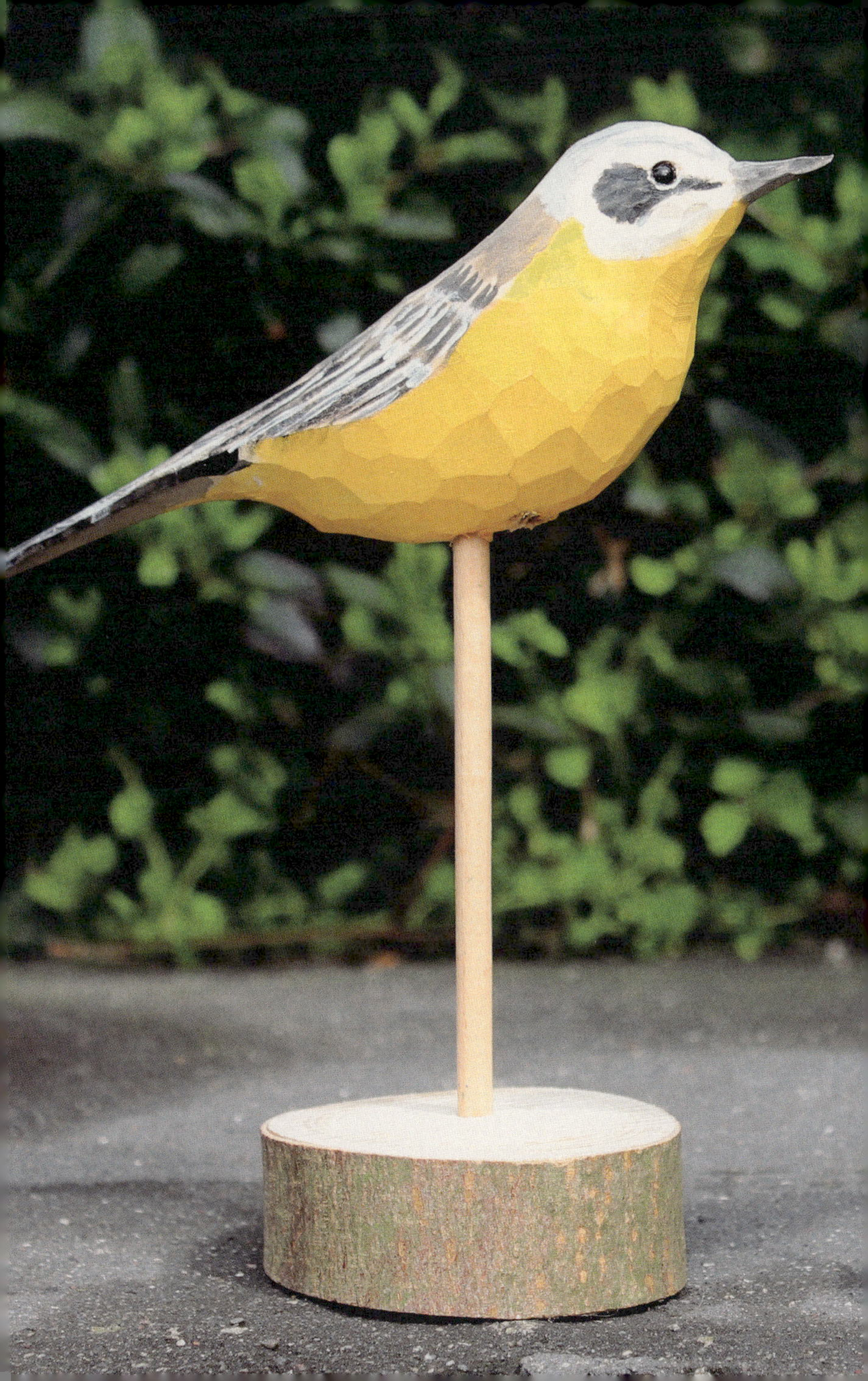

VOGEL IM NEST

Flechten Sie ein Nest aus jungen Birkenzweigen, die zu Ihrem Vogel passen. Das Nest kann akkurat oder unordentlich sein, ganz nach Wunsch.

Ein Loch in die Unterseite des Vogels bohren, dann eine passend große Scheibe von einem Ast absägen und ein Loch durch deren Mitte bohren.

Das Loch auf einer Seite der Scheibe etwas aushöhlen.

Schrauben Sie den Vogel so auf die Scheibe, dass das Nest zwischen Vogel und Untergrund fixiert wird (siehe Zeichnung unten).

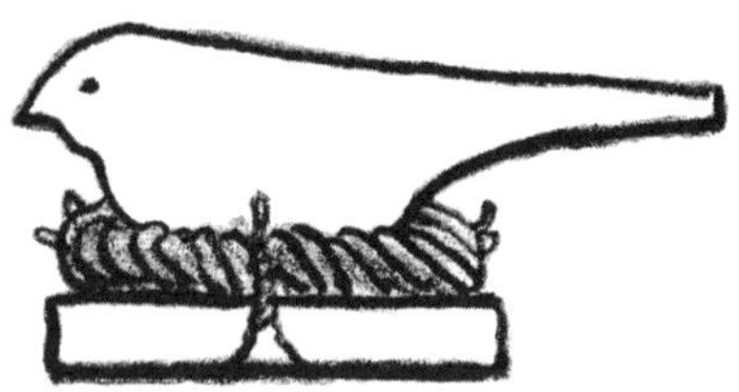

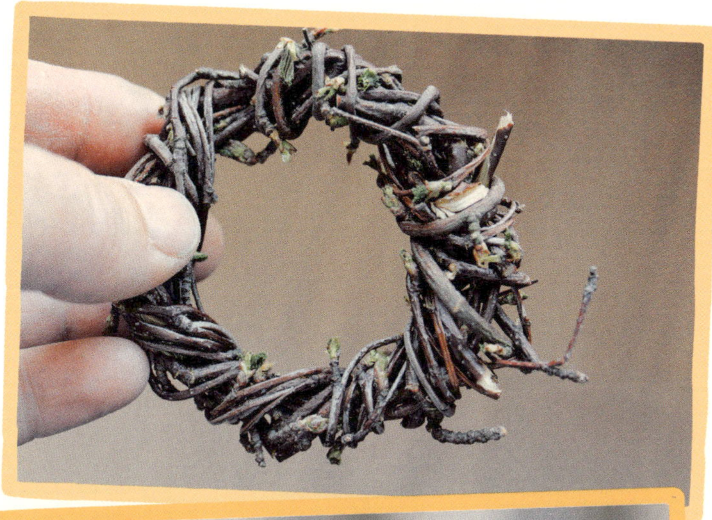

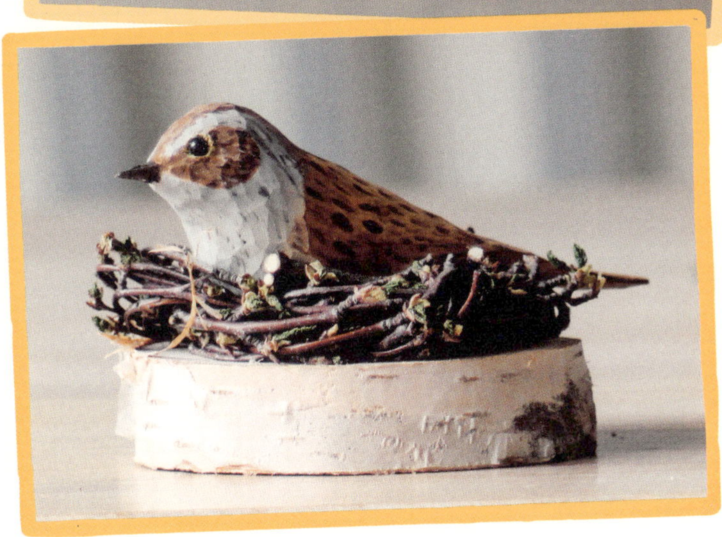

VÖGEL AUF KLEINEN BAUMSTÄMMEN

Geschnitzte Vögel kommen an kleinen Baumstämmen, die an eine Wand angebracht werden, wunderschön zur Geltung. Hier sehen Sie einige Beispiele.

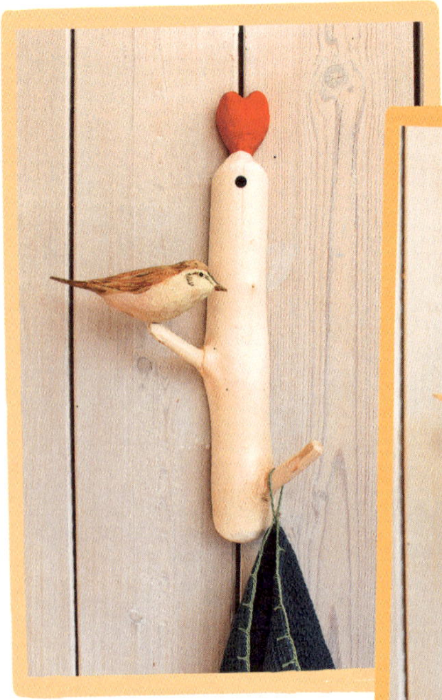

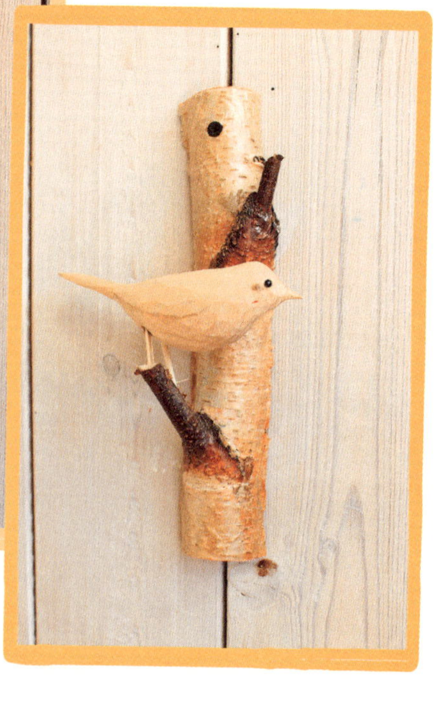

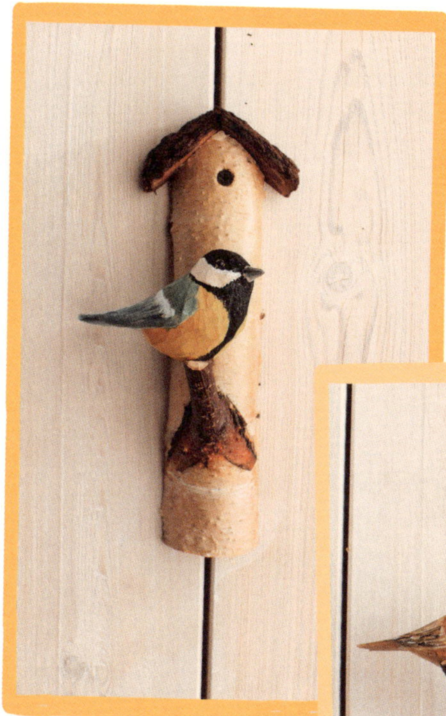

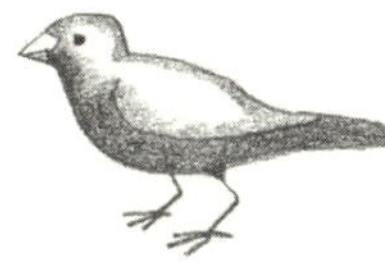

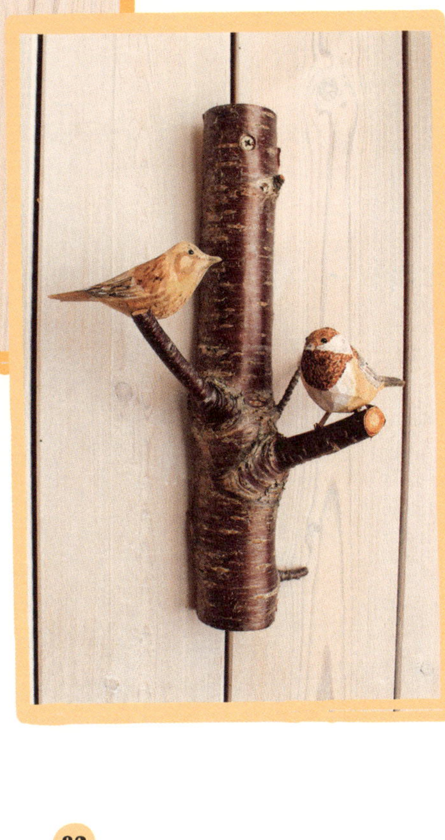

VOGELGRUPPEN

Ihre geschnitzten Vögel können Sie auch in kleinen Gruppen ansprechend um Zweige und andere Fundstücke des Waldes arrangieren. Es folgen einige schöne Beispiele (Seiten 85–91).

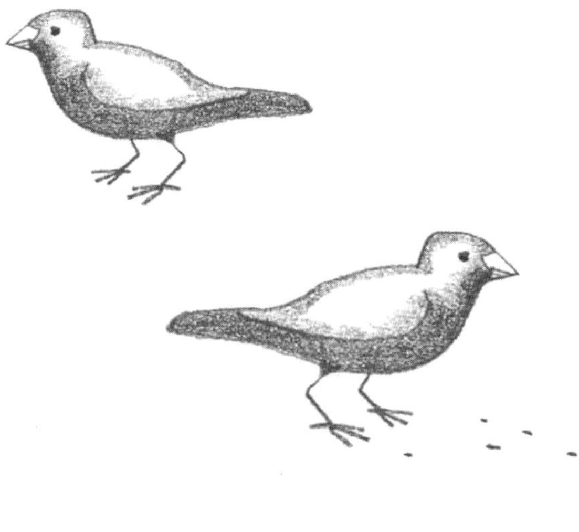

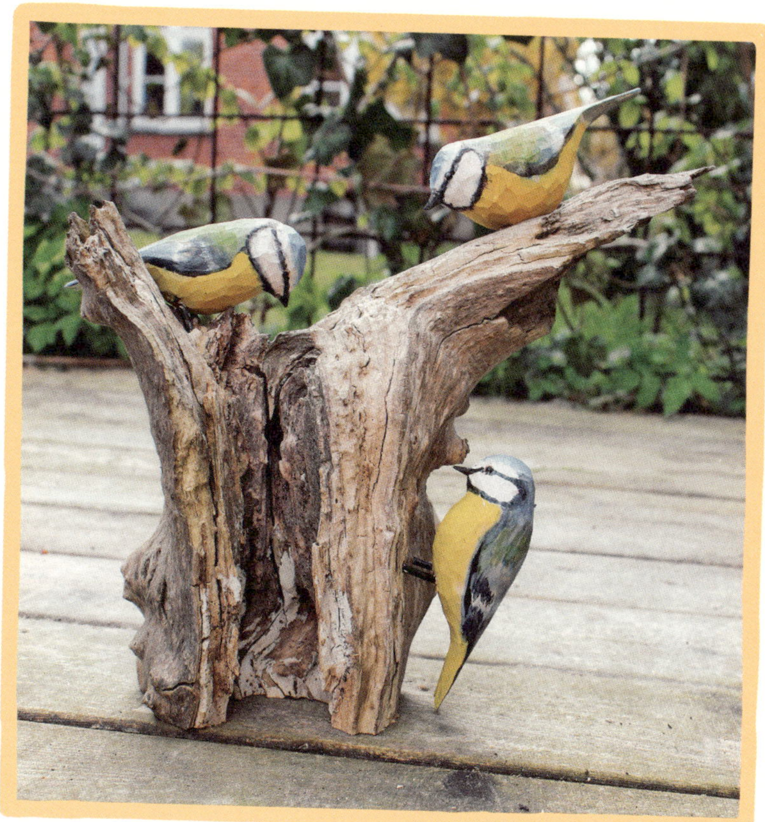

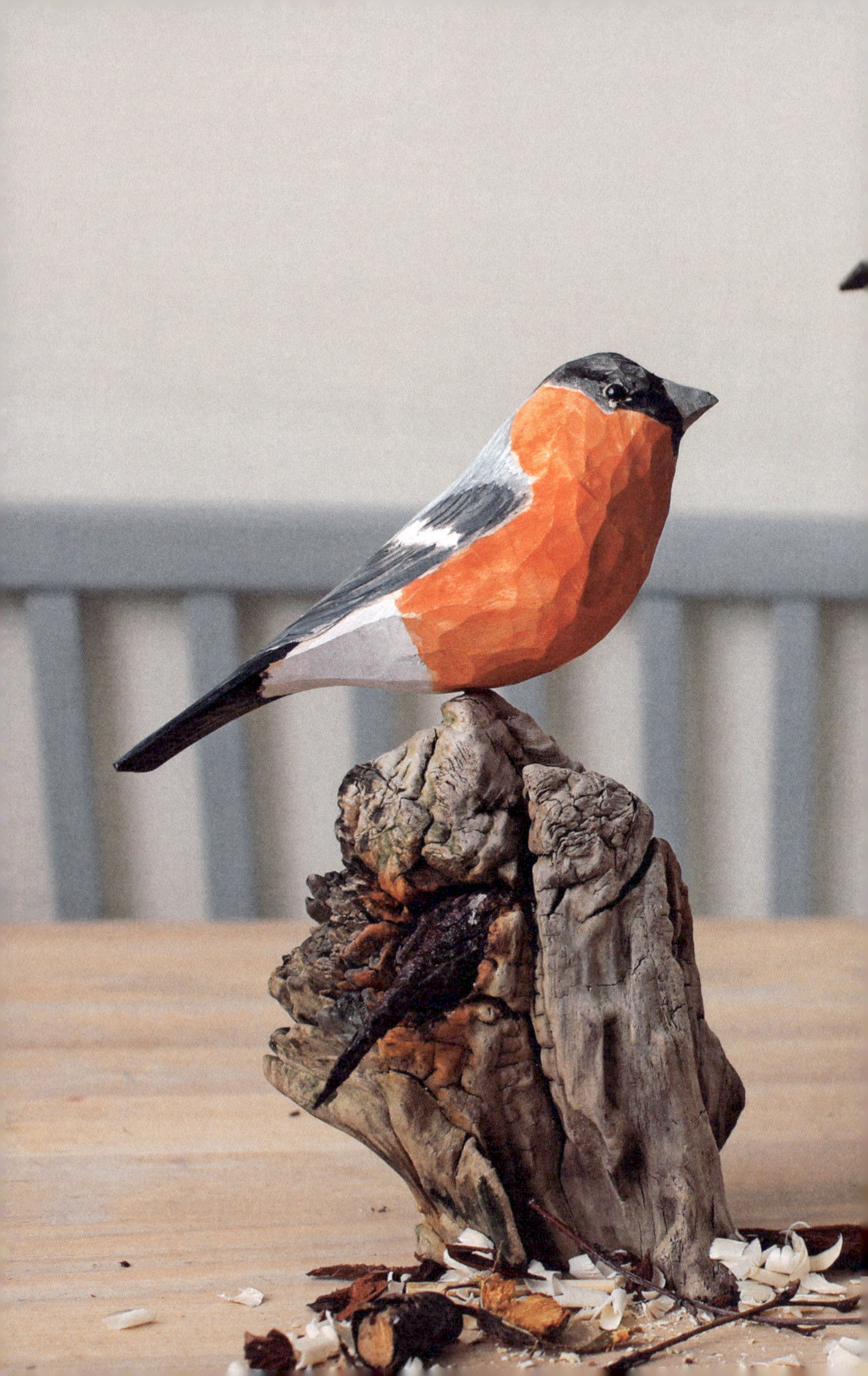

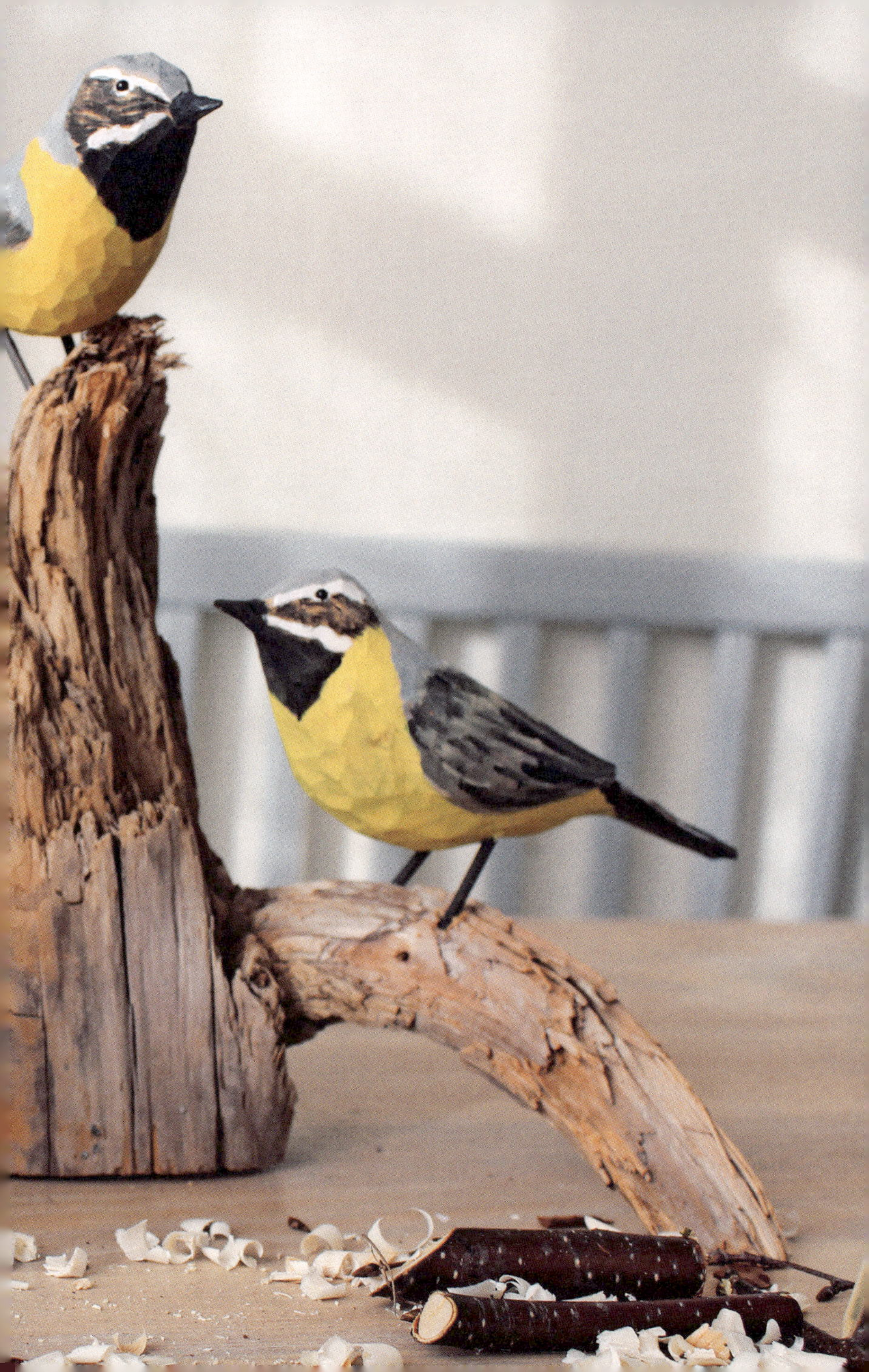

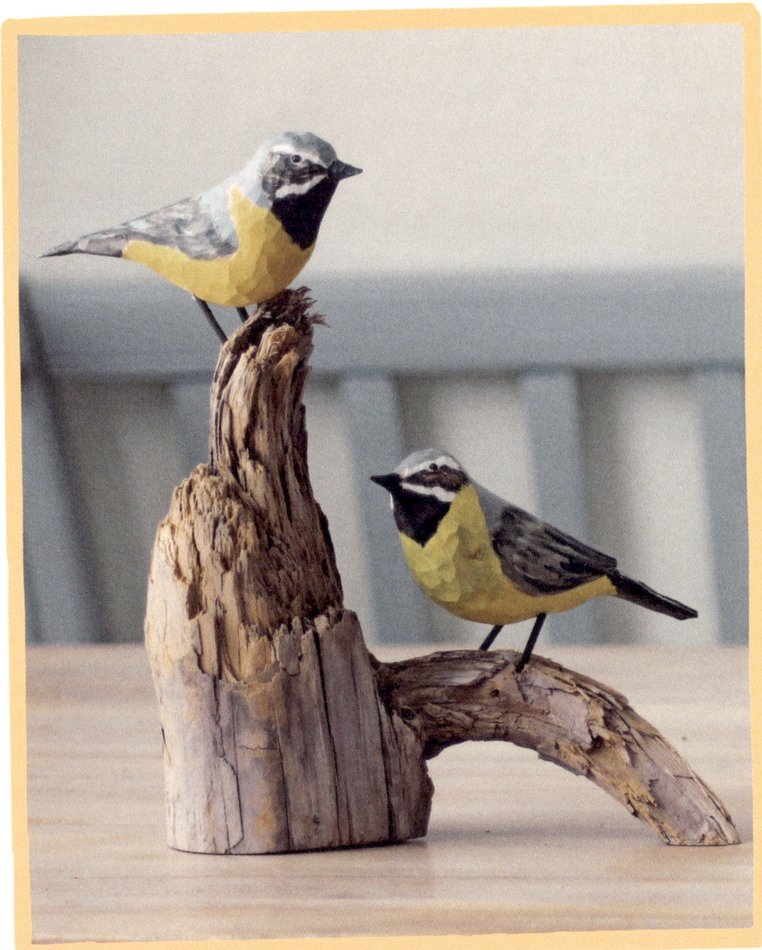

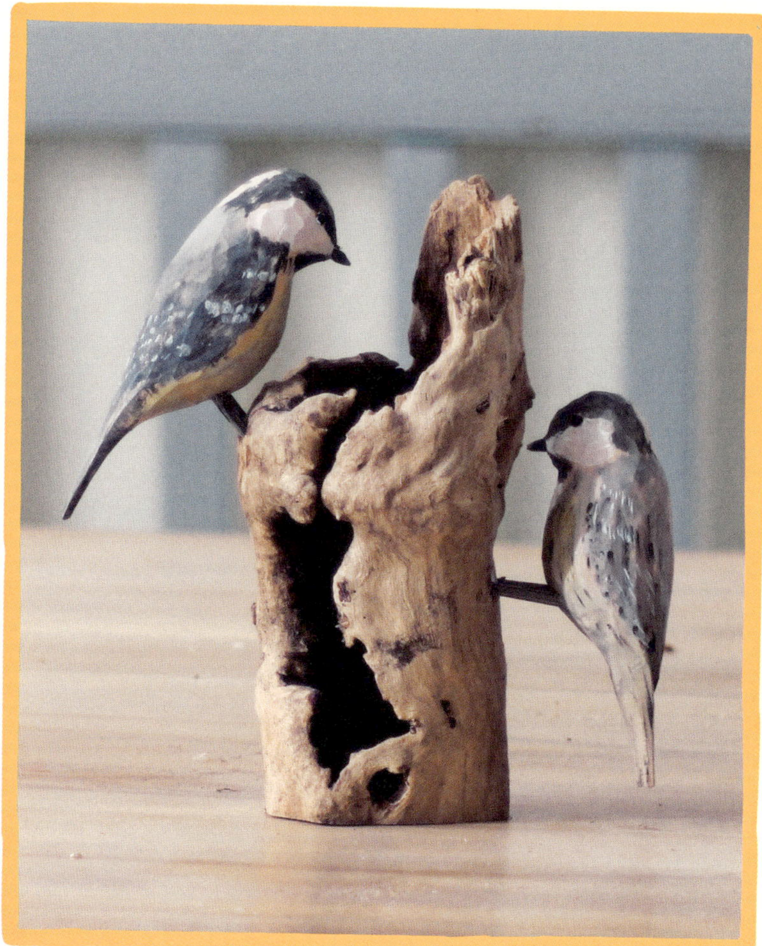

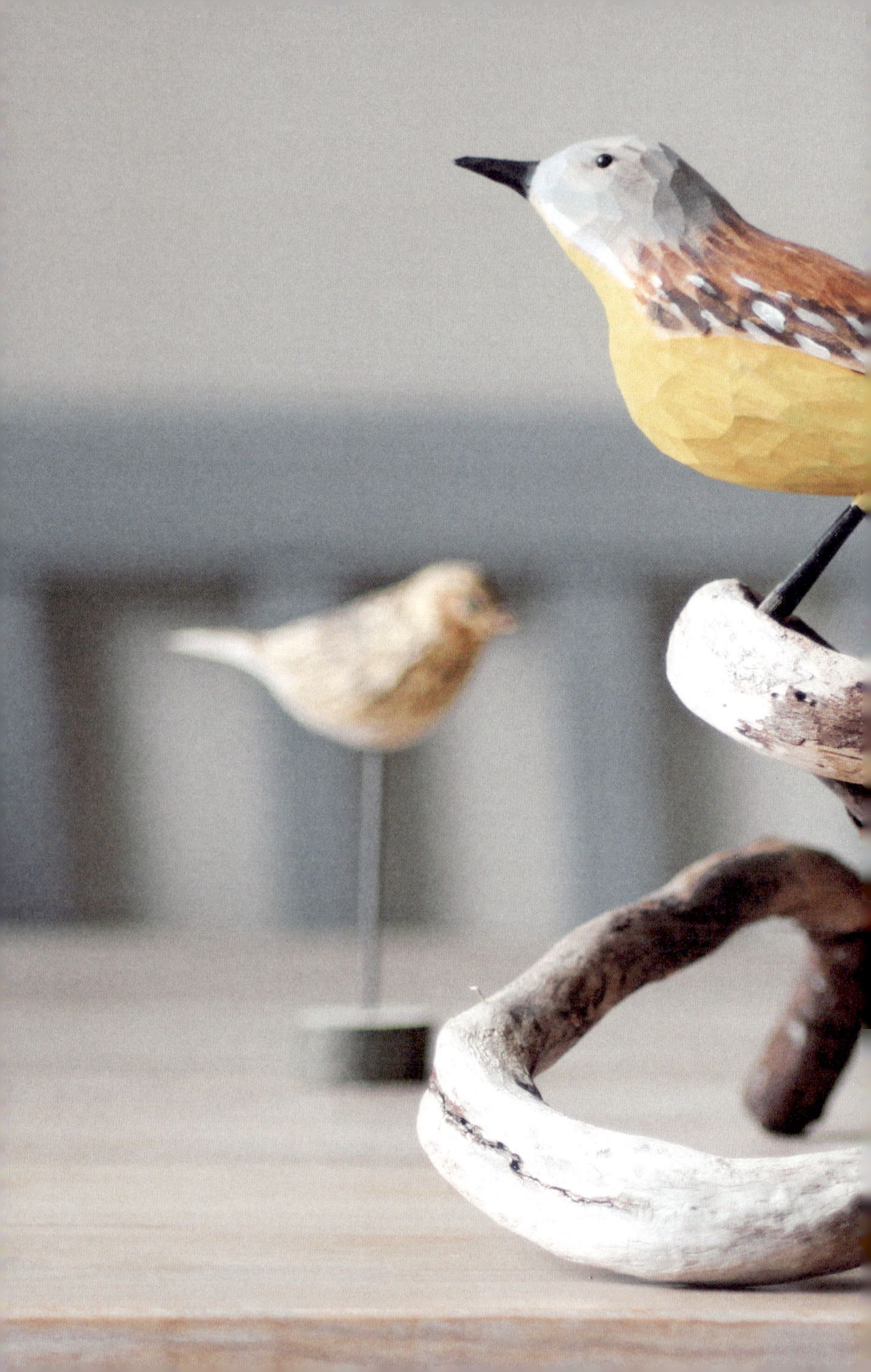

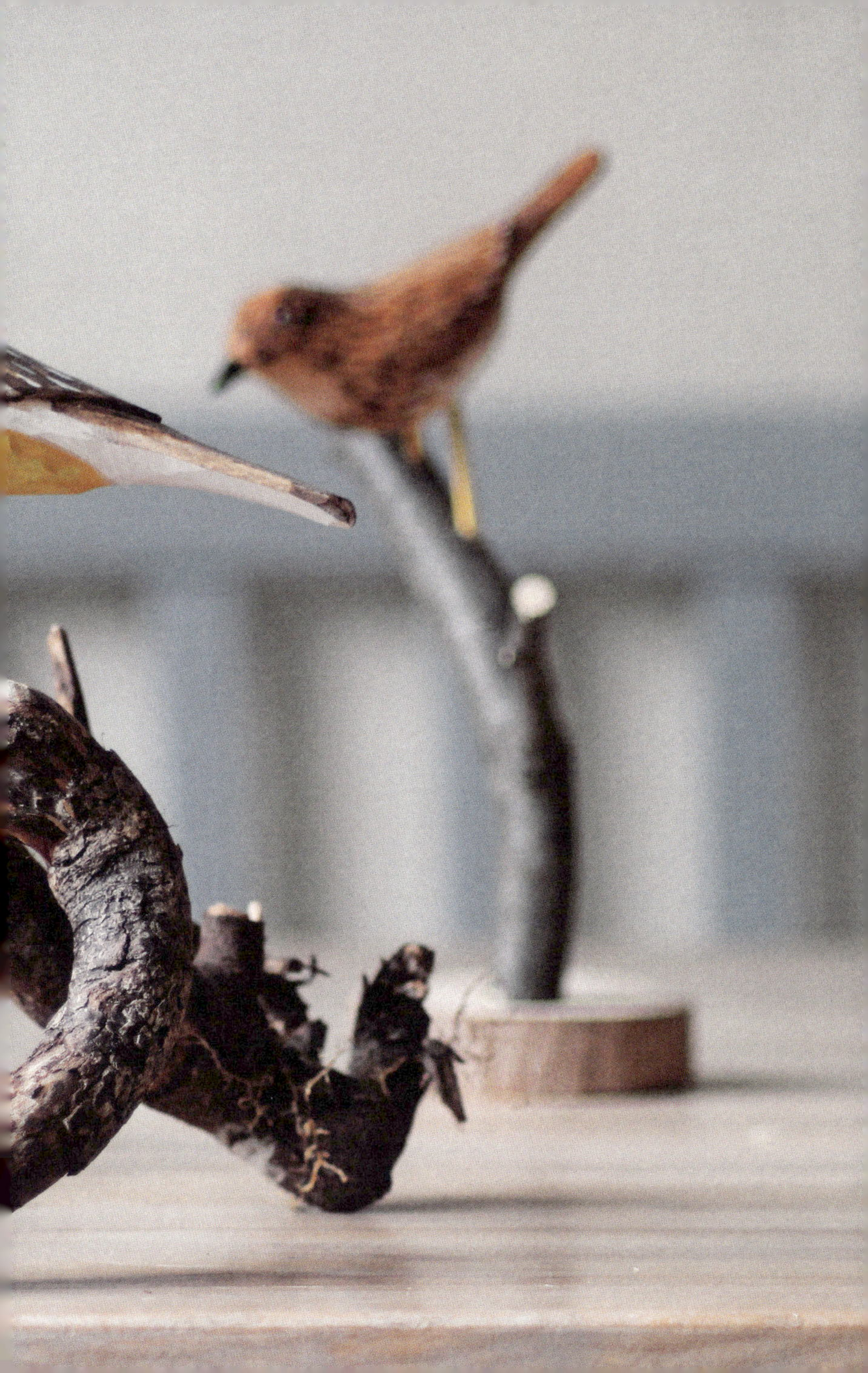

VOGELHÄUSCHEN

Um Ihrem Vogel ein hübsches Häuschen zu bauen, nehmen Sie ein dickes Stück Holz mit den ungefähren Maßen 5 x 10 x 25 cm. Daraus fertigen Sie einen schlichten Kasten, dessen eine Seite so eingesägt wird, dass ein Dach daran angebracht werden kann. In die Vorderseite (Hausfront) wird ein Einflugloch mit einem Durchmesser von ca. 20 bis 25 mm gebohrt. Für das Dach können Sie sowohl Holzleisten als auch Zweige, Rinde oder andere Materialien verwenden. Bemalen Sie die Außenseite des Vogelhäuschens nach Ihrem Geschmack und die Innenseite des Einfluglochs in Schwarz. Zum Schluss kann auch noch das Dach bemalt und das Ganze mit einem Nagel oder Klebstoff bzw. Leim fixiert werden.

Schnitzen Sie das Vogelküken wie in der Zeichnung unten. Achten Sie dabei darauf, dass es in das Einflugloch passt. Leimen oder schrauben Sie es dann von hinten an seinen Platz. Wählen Sie einen kleinen Ast, der sich als Vogelstange eignet, und bohren Sie ein Loch in die Vorderseite des Häuschens. Dann den Ast anleimen. An der Rückseite des Häuschens wird ein Bilderhaken angebracht, sodass sich das Ganze an die Wand hängen lässt. Zum Schluss den Vogel auf der Stange befestigen (siehe Seite 72).

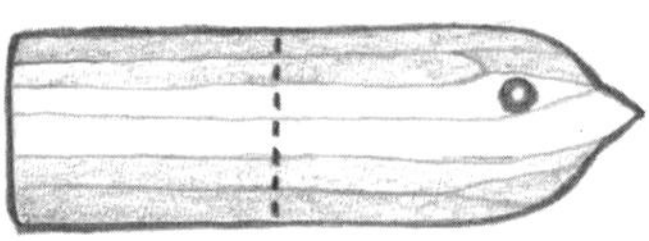

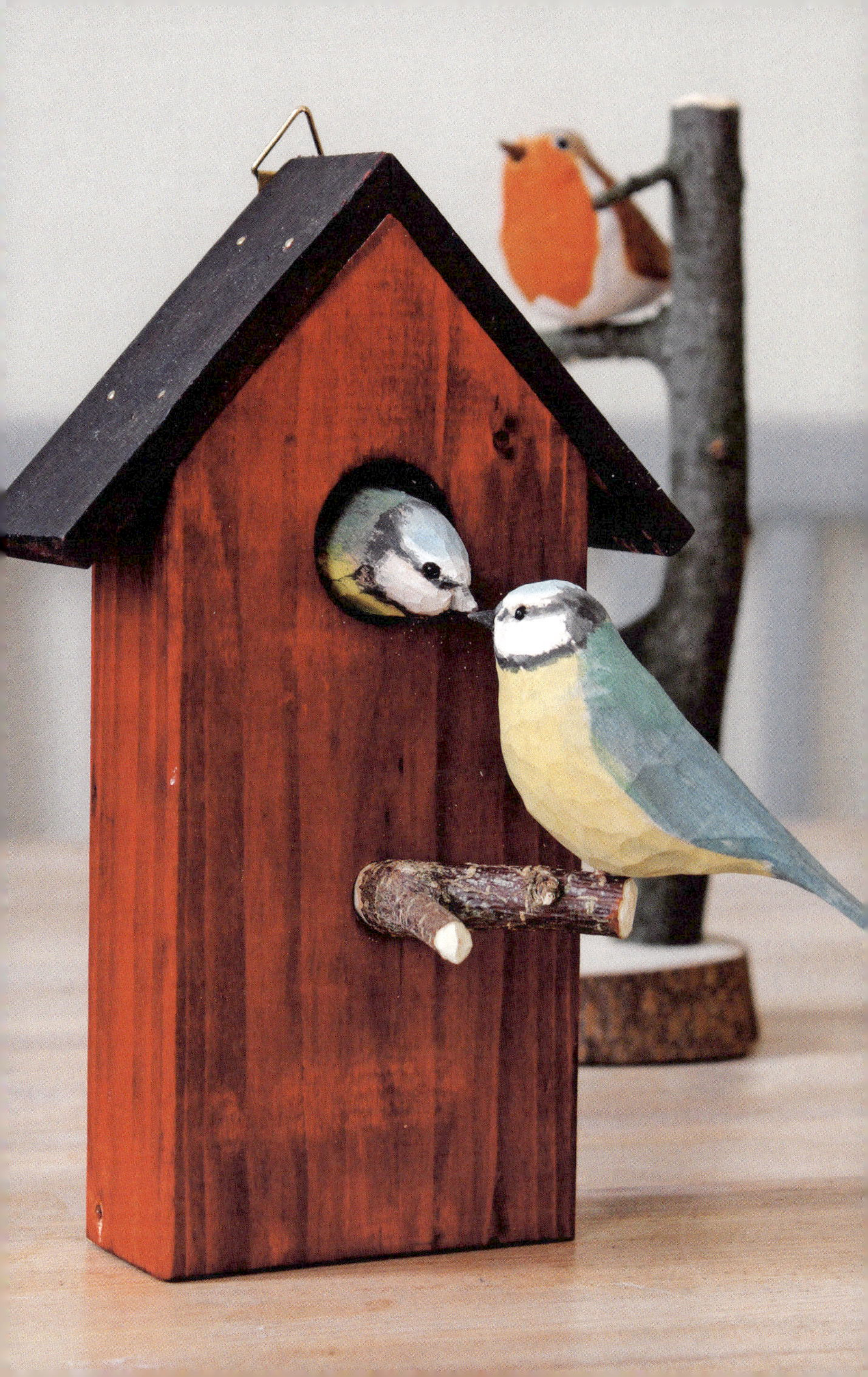

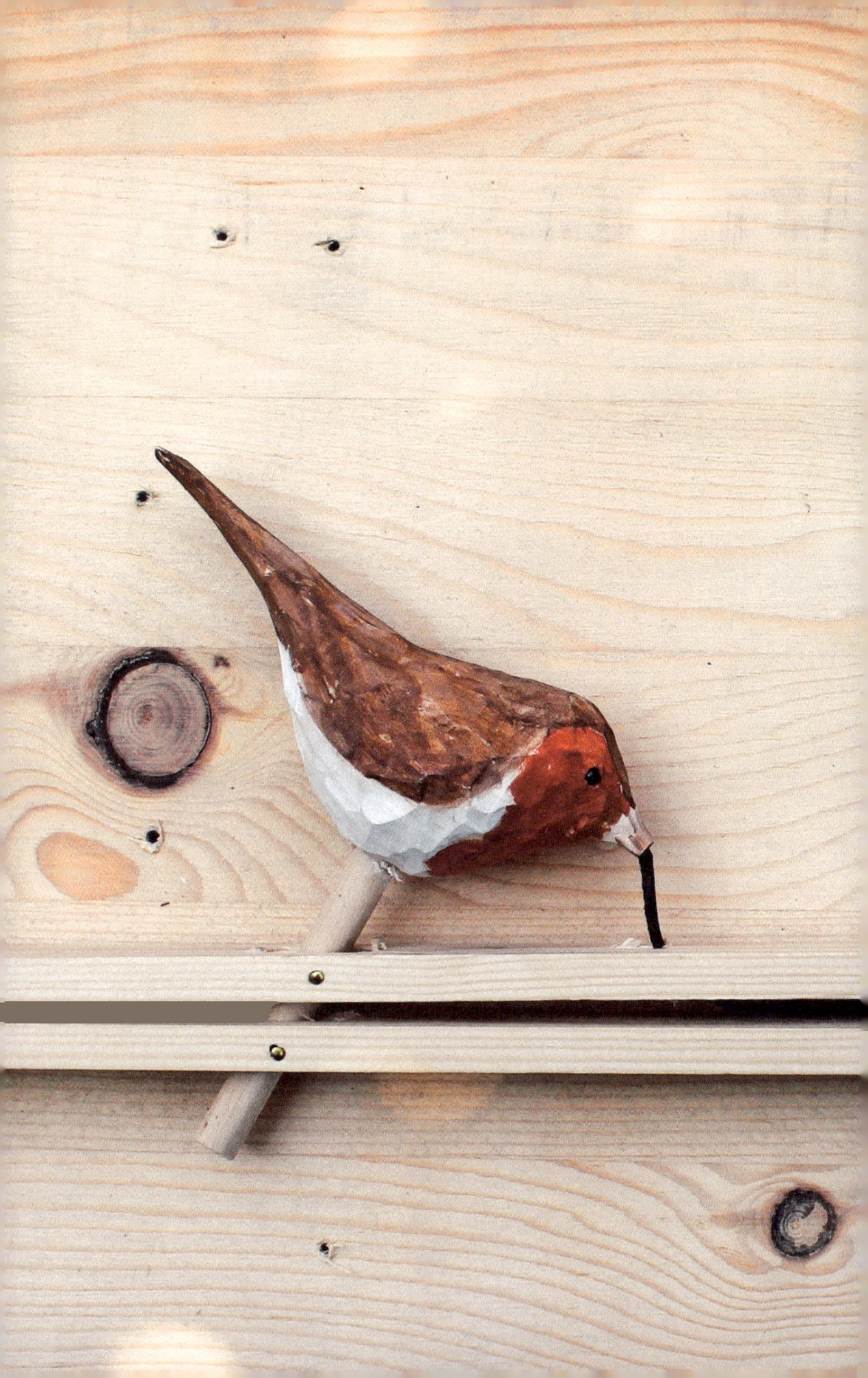

VOGELPROJEKTE FÜR FORTGESCHRITTENE

Nun, da Sie erfolgreich Vögel geschnitzt und befestigt haben, können Sie sich an weitere spannende Projekte wagen, die dekorativ oder auch nützlich sind. Im Folgenden finden Sie einige Anregungen.

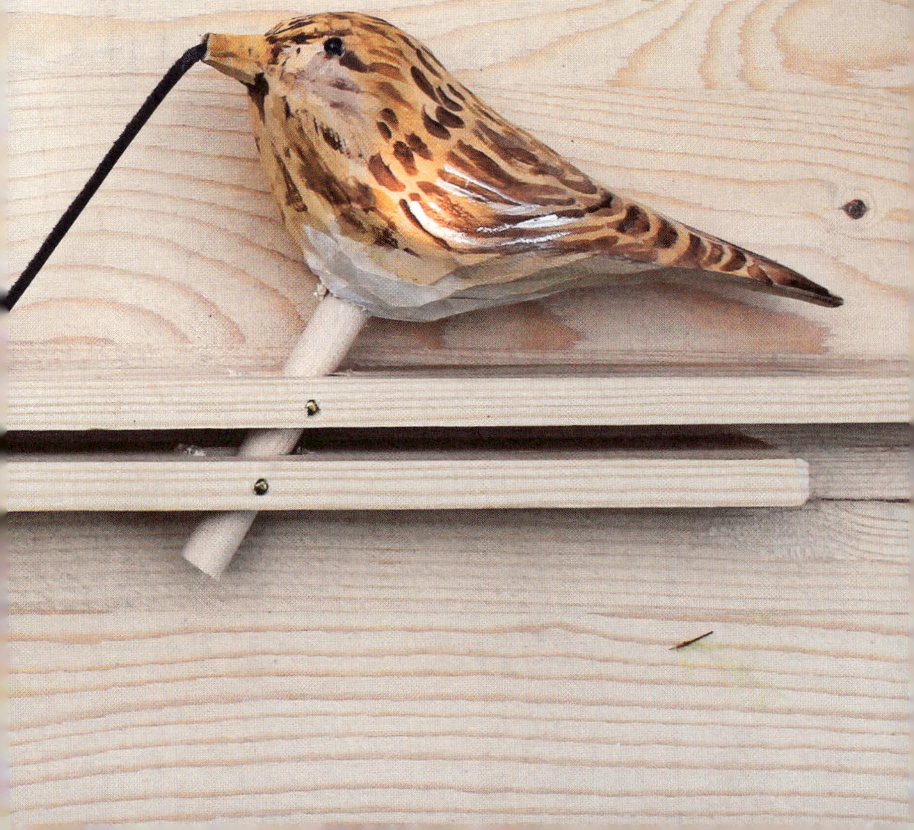

VOGELMOBILE

An einen geflochtenen Ring aus Weiden- oder Birkenzweigen lässt sich eine Gruppe Vögel hängen. Alternativ können Sie auch einen unter den anderen hängen, immer im Wechsel mit einem Tannenzapfen, mit Perlen oder anderen dekorativen Materialien (siehe Seite 99).

Um die Schnur an einem Vogel zu befestigen, bohren Sie zunächst ein Loch mit einem Durchmesser von ca. 2,5 bis 3 mm in den Rücken des Vogels. Fädeln Sie darin dann die Schnur ein und kleben Sie diese fest. Das Ganze mit einem Streichholz als Keil nachdrücken und das Ende des Streichholzes abbrechen (siehe Zeichnung unten).

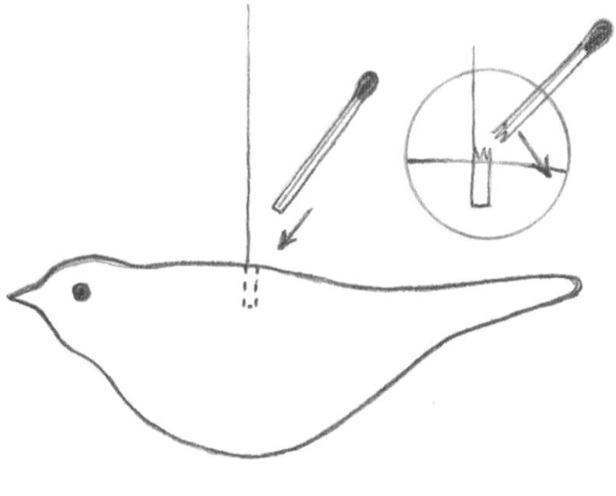

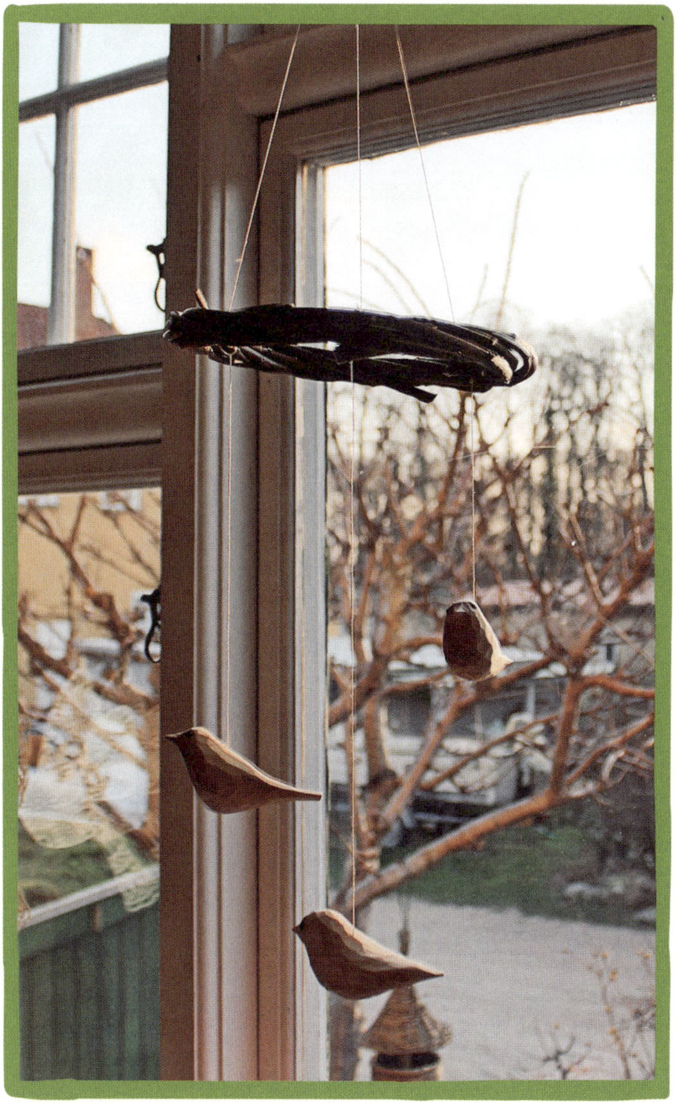

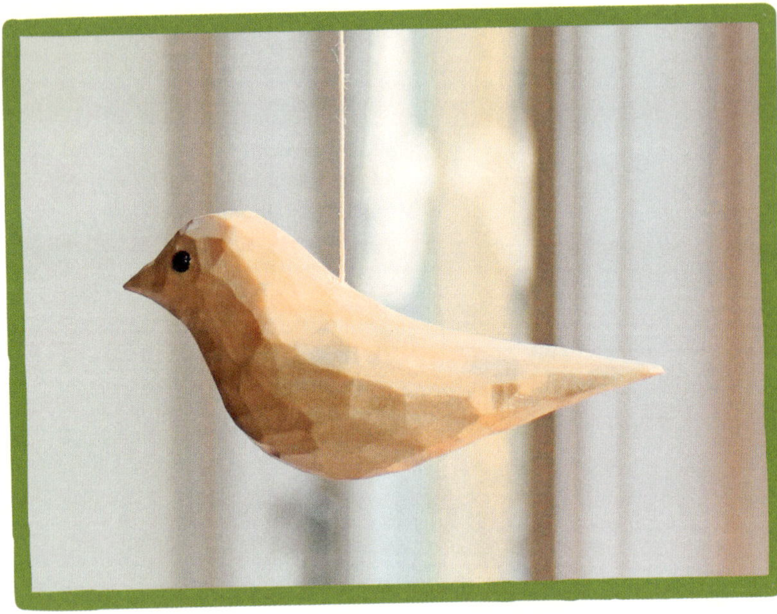

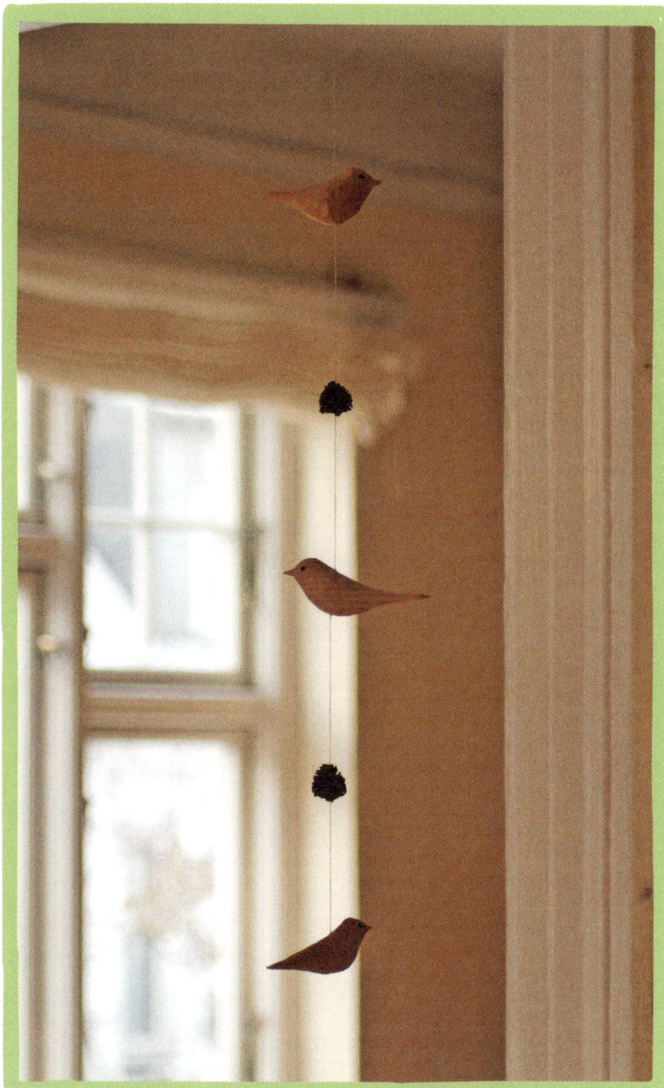

PICKENDE VÖGEL

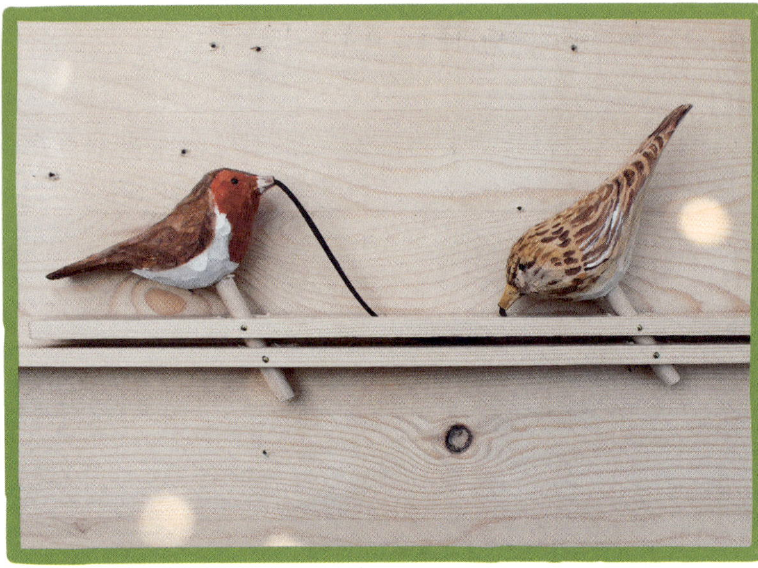

MATERIALIEN

- 2 kleine Holzleisten, je ca. 8 x 20 mm, mit einer Länge von ungefähr 40 cm
- kleine Nägel, Länge ca. 20 mm
- 2 Holzstifte/Dübel, je 8 mm im Durchmesser, Länge ca. 8 cm
- Leim bzw. Klebstoff
- Lederriemen oder etwas Vergleichbares für den Wurm, Länge ungefähr 15 cm, Stärke ca. 2 mm

1. Bohren Sie Löcher in die Unterseite der Vögel und setzen Sie die Holzstifte ein. Wenn Sie wollen, können Sie diese verleimen.

2. Jetzt Löcher in die Schnäbel bohren. In den Schnäbeln wird später der Wurm befestigt.

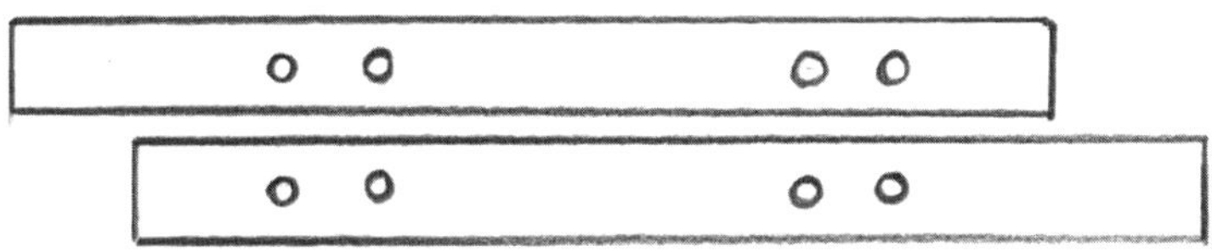

Zeichnung 1

3. Machen Sie je zwei Löcher (ca. 8 mm) in jede Holzleiste, jeweils im Durchmesser groß genug, sodass sowohl der Holzstift des Vogels als auch der «Lederwurm» hindurchpassen. Die Löcher in beiden Leisten sollten jeweils den gleichen Abstand haben, die Leisten aber etwas zueinander versetzt sein (siehe Zeichnung 1).

4. Entfernen Sie jeweils das Holz zwischen den beiden Löchern (siehe Zeichnung 2 auf Seite 102).

Zeichnung 2

5. Von der Seite ein kleines Loch mit einem Durchmesser von ca. 1,5 bis 2 mm in die gerade ausgehöhlten Löcher bohren (siehe Zeichnung 2).

6. Setzen Sie zuerst die Vögel in die obere Holzleiste ein. Entscheiden Sie, wie hoch sie sitzen sollen, und bohren Sie dann entsprechende Löcher in die Holzstifte (siehe Zeichnungen 3 und 4).

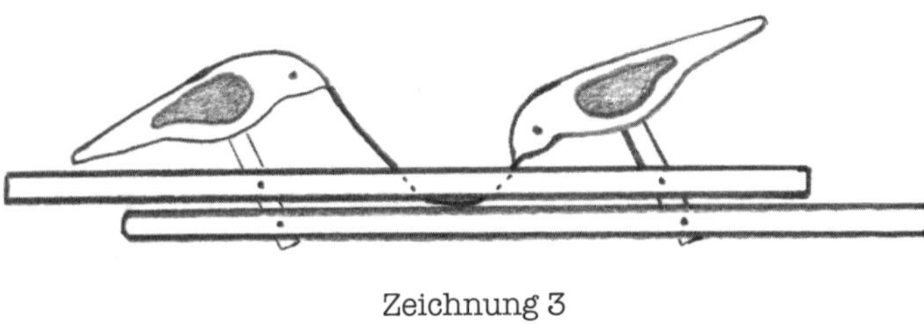

Zeichnung 3

7. Nun die Nägel einsetzen, sodass Sie sehen können, wo die Schnäbel die Holzleisten berühren. Bohren Sie an diesen Stellen Löcher für den Wurm (siehe Zeichnung 3).

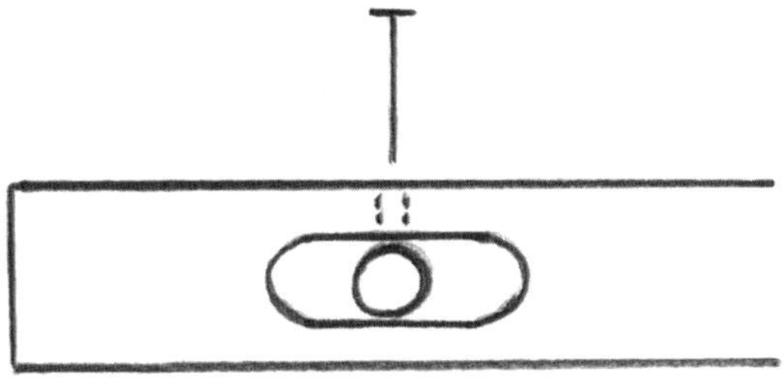

Zeichnung 4

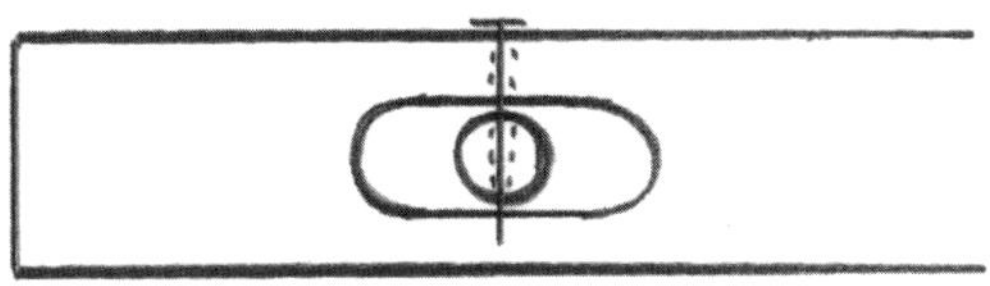

Zeichnung 5

8. Nageln Sie die Holzstifte an ihre Positionen (siehe Zeichnungen 4 und 5).

9. Kleben Sie den Wurm in den Schnabel eines der beiden Vögel, fädeln Sie ihn danach durch die Holzleiste. Die Länge anpassen und das andere Ende in den Schnabel des anderen Vogels kleben.

10. Montieren Sie die untere Holzleiste in der gleichen Weise wie die obere.
Hinweis: Zwischen beiden Leisten muss genügend Platz sein, sodass man sie vor- und zurückbewegen kann. Achten Sie auch auf genügend Spielraum für den Wurm.

WEITERE IDEEN

Geschnitzte Vögel können normalen Alltagsgegenständen das gewisse Etwas verleihen – vom Küchenrollenhalter über den Schmuckbaum bis zum Korkenzieher. Ihrer Fantasie sind dabei keine Grenzen gesetzt (siehe auch die Illustrationen auf den Seiten 106 bis 107)!

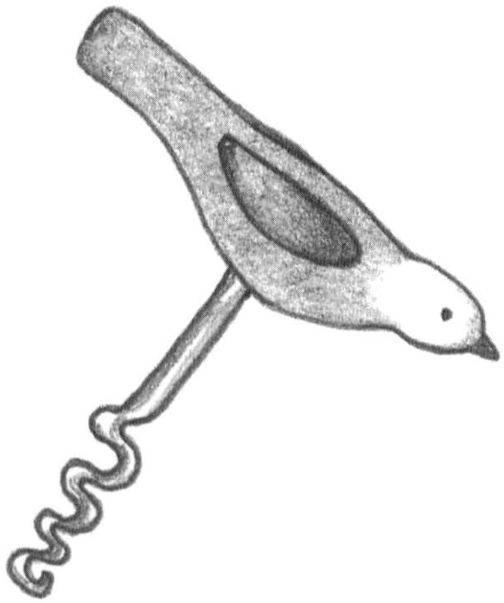

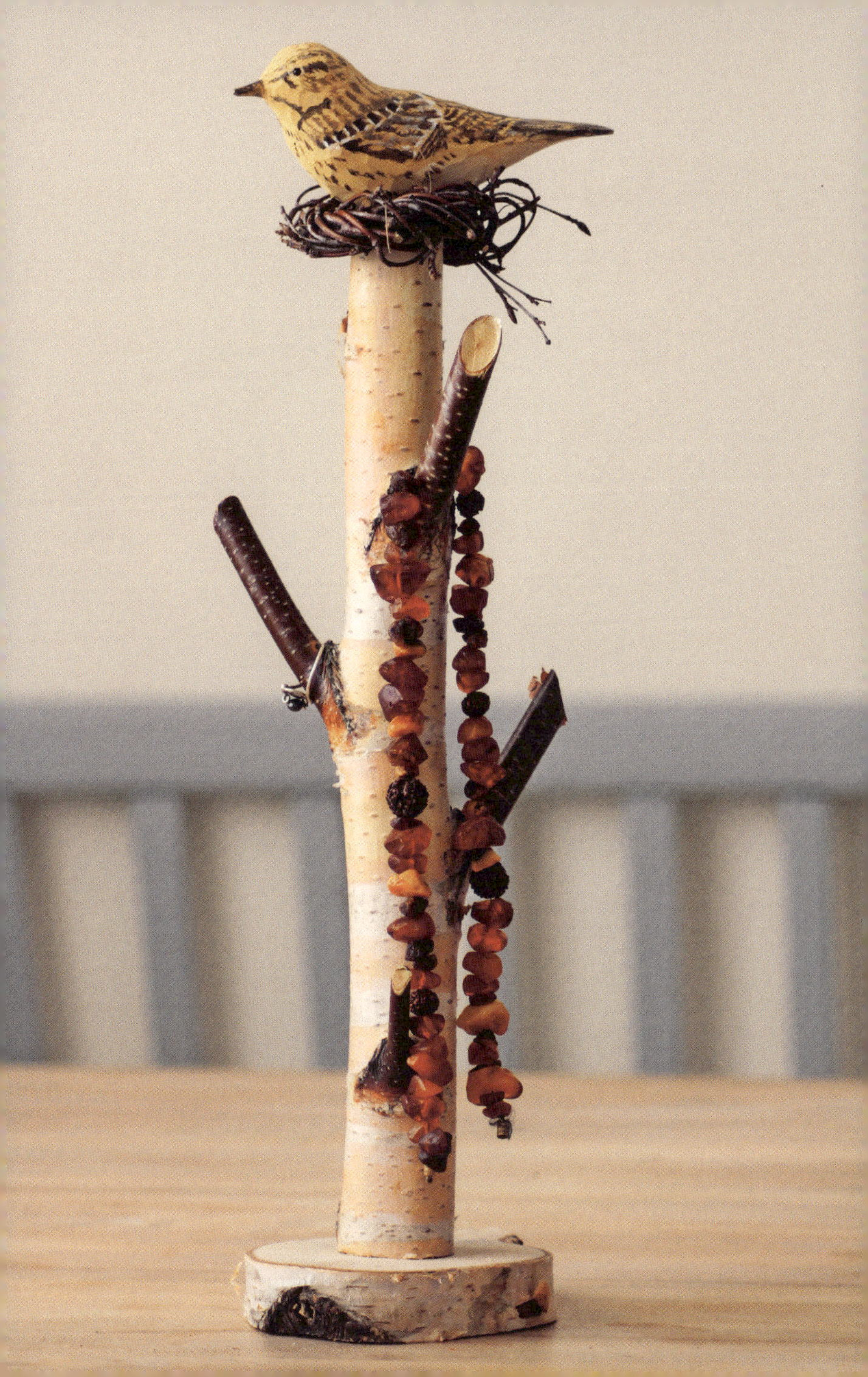

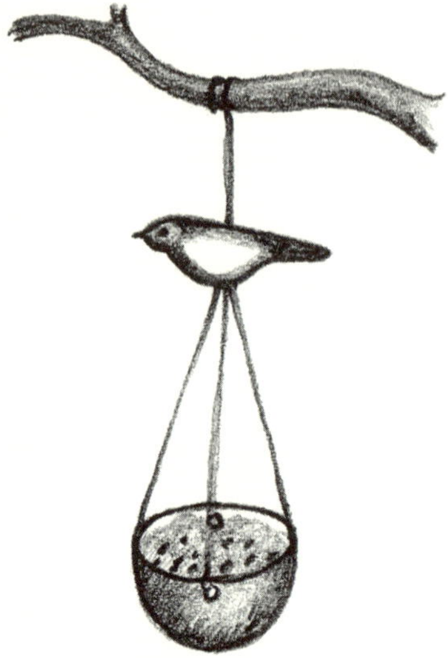

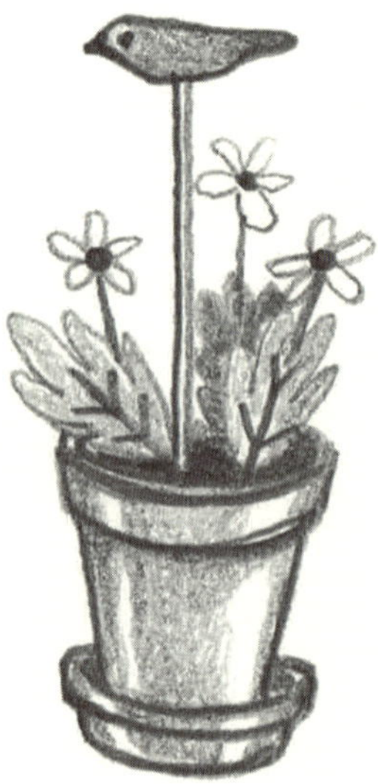

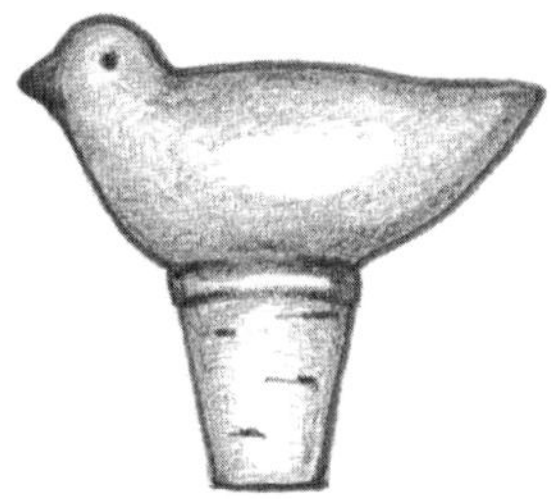

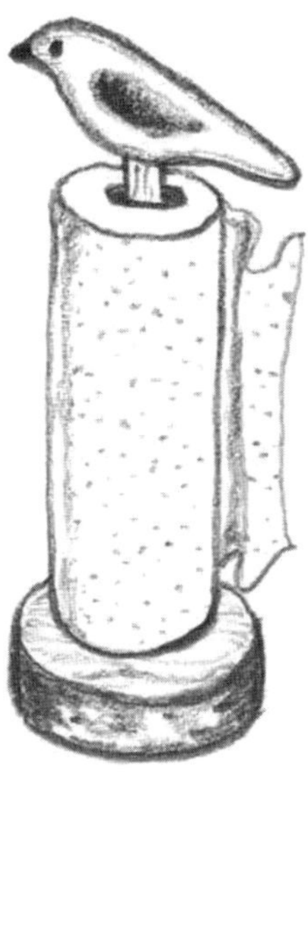

TROMMELNDER SPECHT

In einer Auf- und Abbewegung trommelt der Specht auf das Holzstück, wenn man an der Schnur zieht. Diese Idee eignet sich auch als Türklopfer, da die Tür den Klang verstärkt!

1. Den Körper eines Spechts sowie einen separaten Schnabel schnitzen und den Vogel nach Belieben bemalen.

2. In den Vogelkopf ein Loch bohren und den Schnabel an die entsprechende Position leimen (siehe Seite 35).

3. Ein Loch mit einem Durchmesser von 8 mm in die Brust des Spechts bohren und einen Holzstift oder Dübel einsetzen.

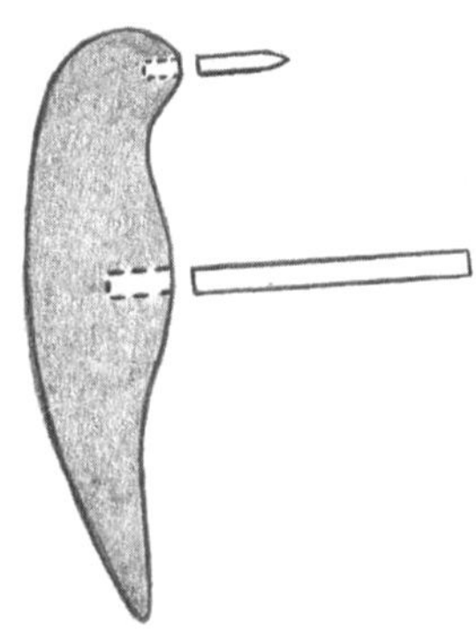

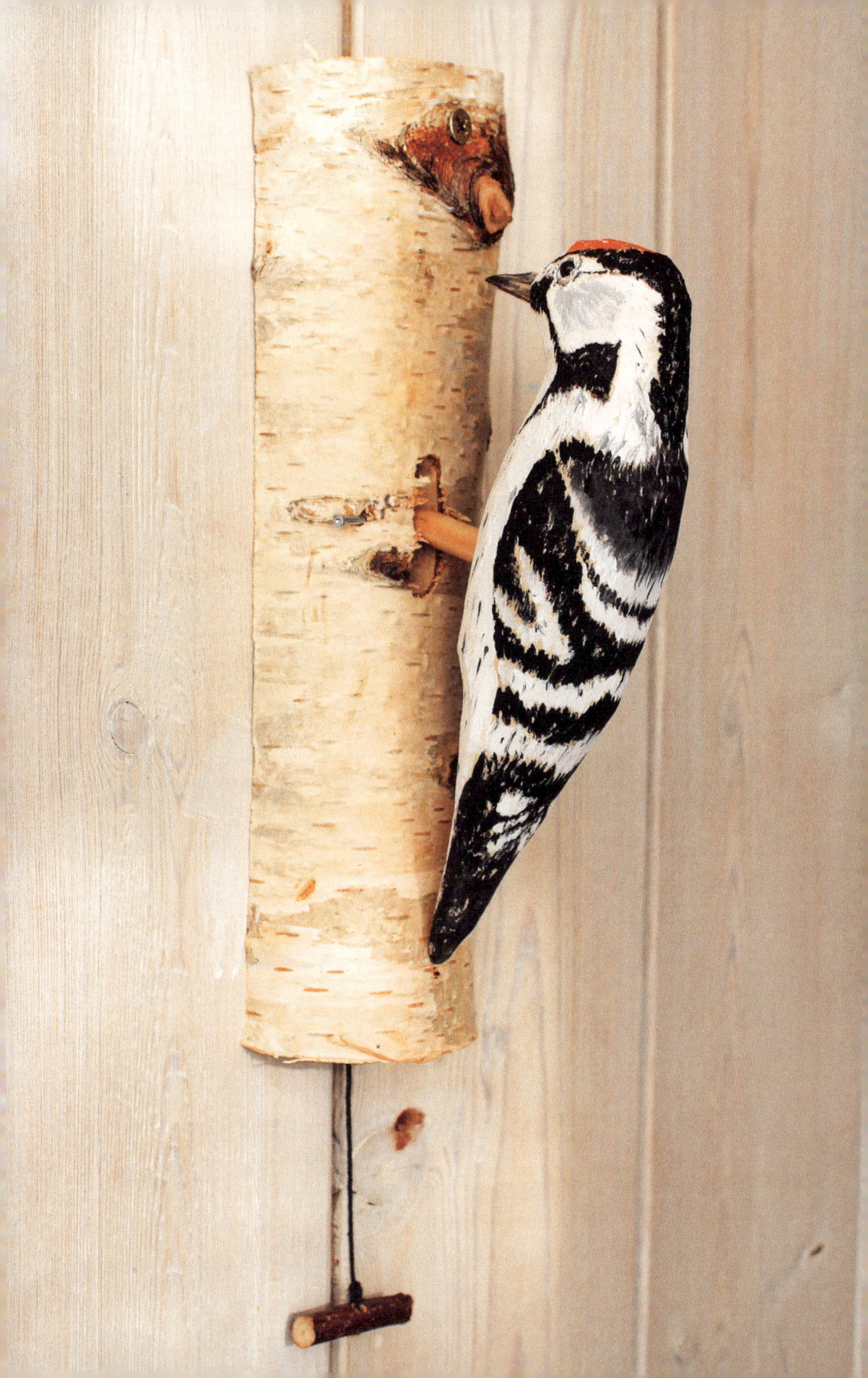

4. Bohren Sie drei Löcher mit einem Durchmesser von 8 mm in ein der Länge nach halbiertes Stück Baumstamm. Mit einem Beitel oder Messer wird dann das Holz zwischen den Löchern entfernt.

5. Höhlen Sie auf der Rückseite des Stammes unterhalb des Lochs abwärts einen Kanal aus, sodass die Schnur genügend Spiel hat und nicht hängen bleibt (siehe Zeichnung unten).

6. Nun ein Loch mit dem Durchmesser von 2 mm von der Seite durch den Stamm bohren.

7. Den Holzstift des Spechts in das große Loch einsetzen, um festzulegen, wie nah am Stamm der Vogel positioniert werden sollte, damit er beim Vor- und Zurückwiegen mit dem Schnabel auf den Stamm trifft. Markieren Sie die genaue Position des Bohrlochs für den Holzstift mit einem Nagel.

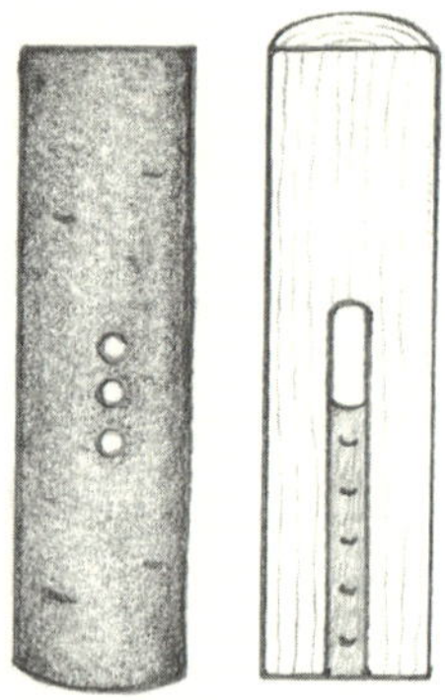

8. Fixieren Sie den Specht locker an seiner Position mit dem Nagel. Markieren Sie das Ganze und sägen Sie den überstehenden Teil des Holzstifts ab (siehe Zeichnung).

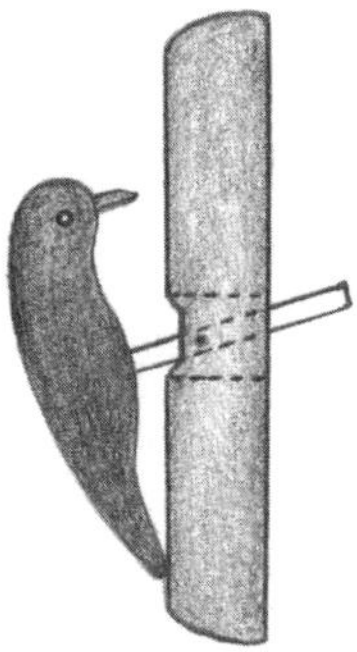

9. Jetzt ein Loch durch das Ende des Holzstifts bohren, anschließend eine Schnur daran befestigen (siehe Zeichnung unten). Die Schnur sollte so lang sein, dass sie mindestens 5 cm unten aus dem Baumstamm hängt.

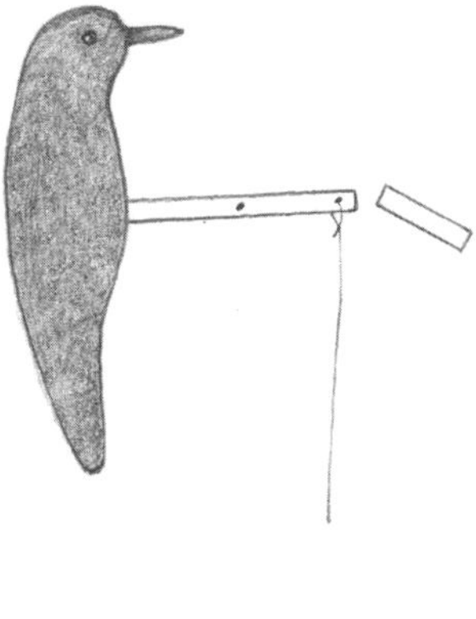

10. Führen Sie die Schnur in den Stamm ein, positionieren Sie den Specht an seinem Platz, stecken einen Nagel ein und testen, ob die Konstruktion funktioniert. Erst dann hämmern Sie den Nagel fest.

11. Binden Sie eine Perle oder einen Zweig an das Ende der Schnur, um leichter daran ziehen zu können.

12. Bohren Sie ein Loch oben in den Baumstamm und schrauben Sie den Spechttürklopfer an seinen vorbestimmten Ort.

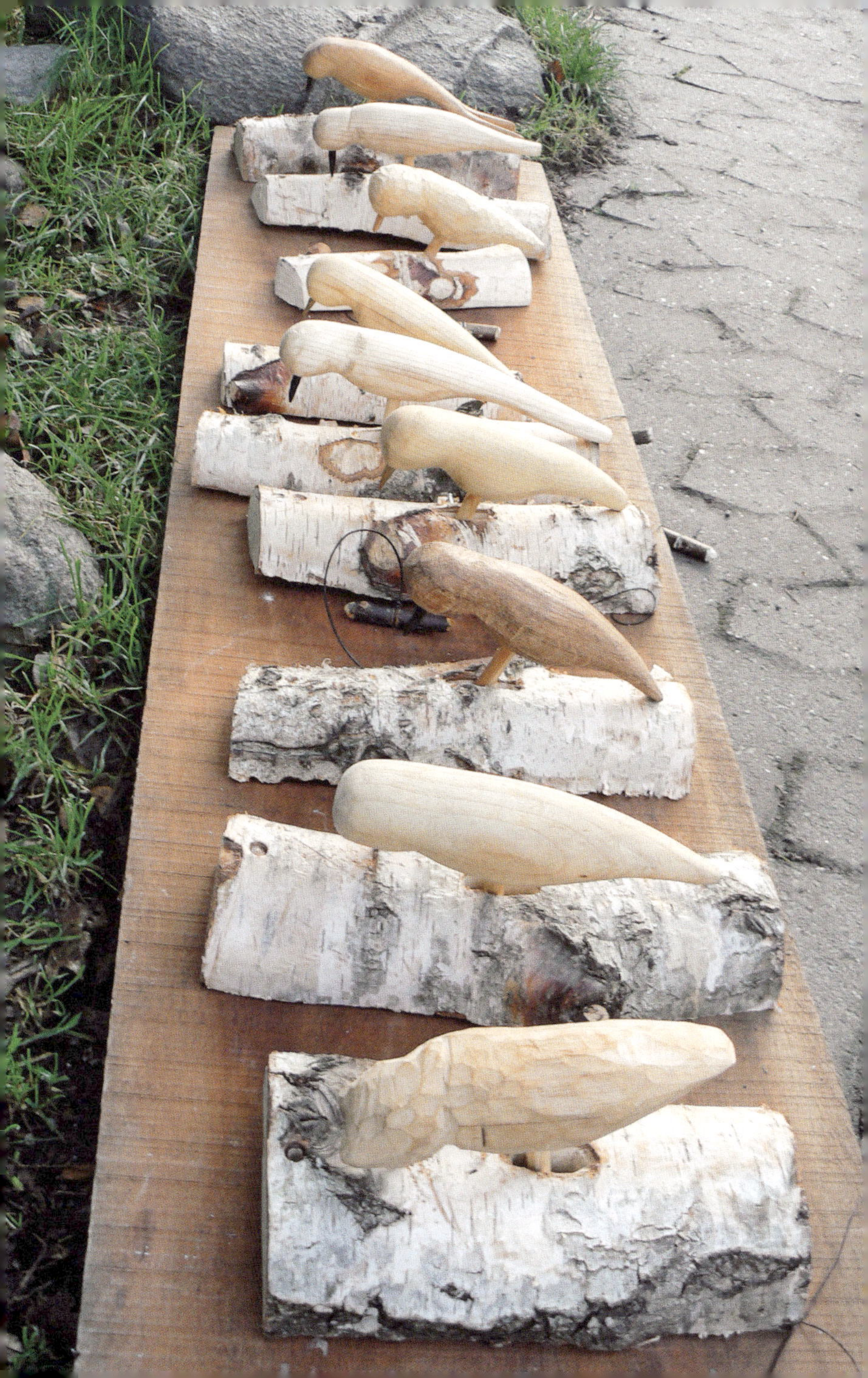

POP-UP-VOGEL

Eine originelle Idee: ein Pop-up-Vogel. Sobald man an der Schnur zieht, lugt ein Vogel aus seinem Loch.

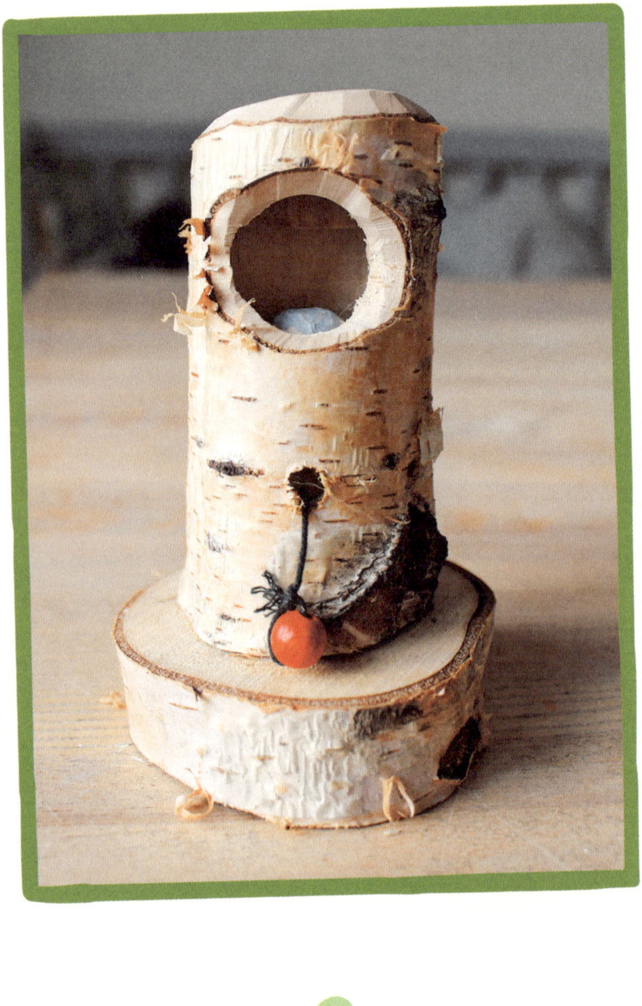

1. Bohren Sie ein Loch mit einem Durchmesser von ca. 25 bis 30 mm durch ein trockenes Aststück. Dieses sollte ungefähr 5 cm dick und 11 bis 13 cm lang sein. Der Ast muss fast vollständig ausgehöhlt werden.

2. In den oberen Teil des Asts ein Guckloch für den Vogel bohren.

3. Für die Schnur ein ca. 5 mm breites Loch bohren. Es sollte sich möglichst mittig zwischen dem Guckloch und dem unteren Boden des Asts befinden.

4. Schnitzen Sie einen Vogel, der gut ins Loch passt. Er sollte ohne Probleme hoch- und runtergleiten können. Die Höhe des Gucklochs ist auch für die Länge des Vogels ausschlaggebend. Der Vogel sollte, wenn er unten ist, durch das Loch nicht sichtbar sein.

5. Bemalen Sie, wenn Sie mögen, den Kopf des Vogels und verleihen Sie ihm Augen.

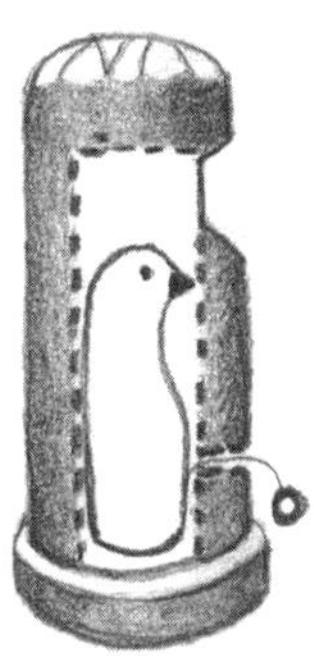

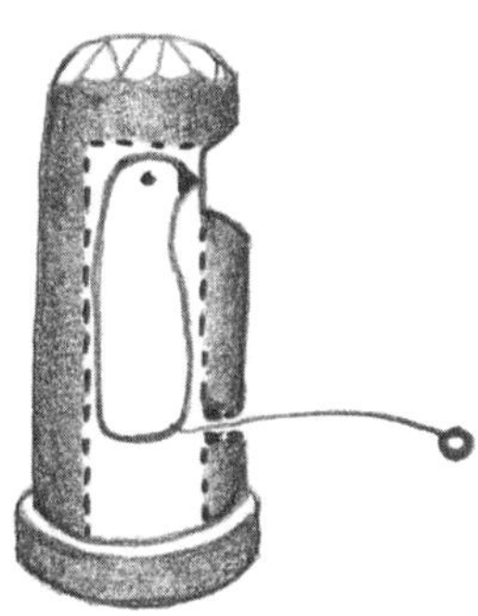

6. In den unteren Teil des Vogels ein Loch mit einem Durchmesser von ca. 2,5 mm bohren (siehe Zeichnung).

7. Ein Stück Schnur wird in das Loch geklebt und mit einem Streichholz und Klebstoff festgedrückt. Das überstehende Streichholzstück wird abgebrochen. Es fungiert dabei als Keil (siehe Zeichnung auf Seite 96).

8. Setzen Sie den Vogel in den ausgehöhlten Ast und fädeln dann die Schnur von innen nach außen durch das Schnurloch. Sie können, wenn nötig, auch ein Stück Draht mit einem kleinen Haken beim Durchfädeln zu Hilfe nehmen.

9. Versuchen Sie, ob die Konstruktion funktioniert. Korrigieren Sie, wenn nötig.

10. Binden Sie eine kleine Kugel ans Ende der Schnur.

11. Sägen Sie eine passende Scheibe von einem dickeren Ast als Unterlage zu und leimen oder schrauben Sie darauf das Pop-up-Häuschen mit dem sich darin befindlichen beweglichen Vogel fest.

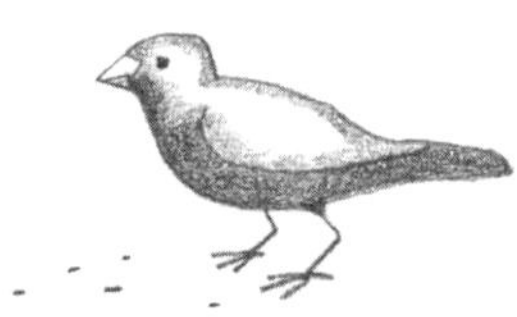

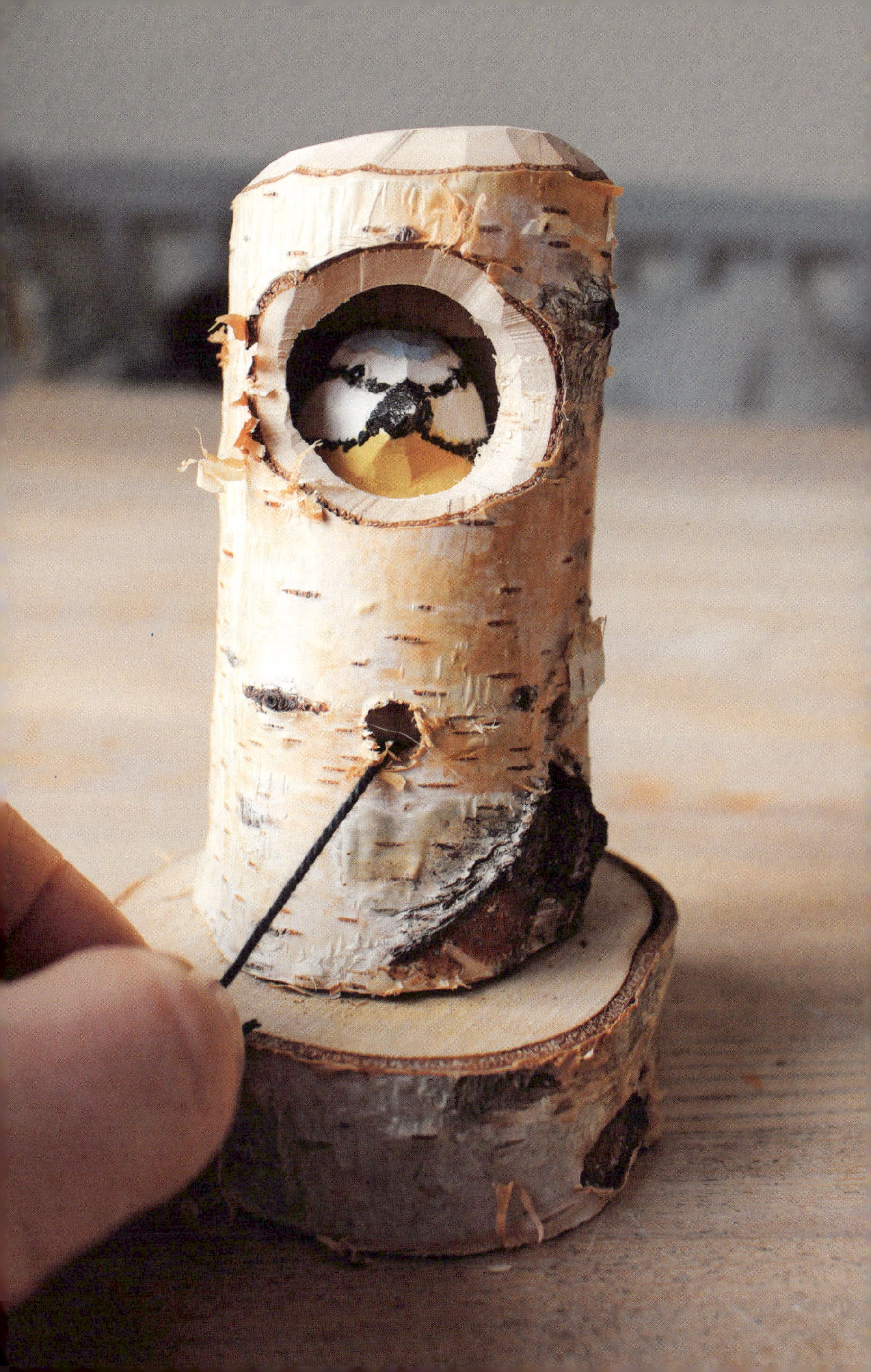

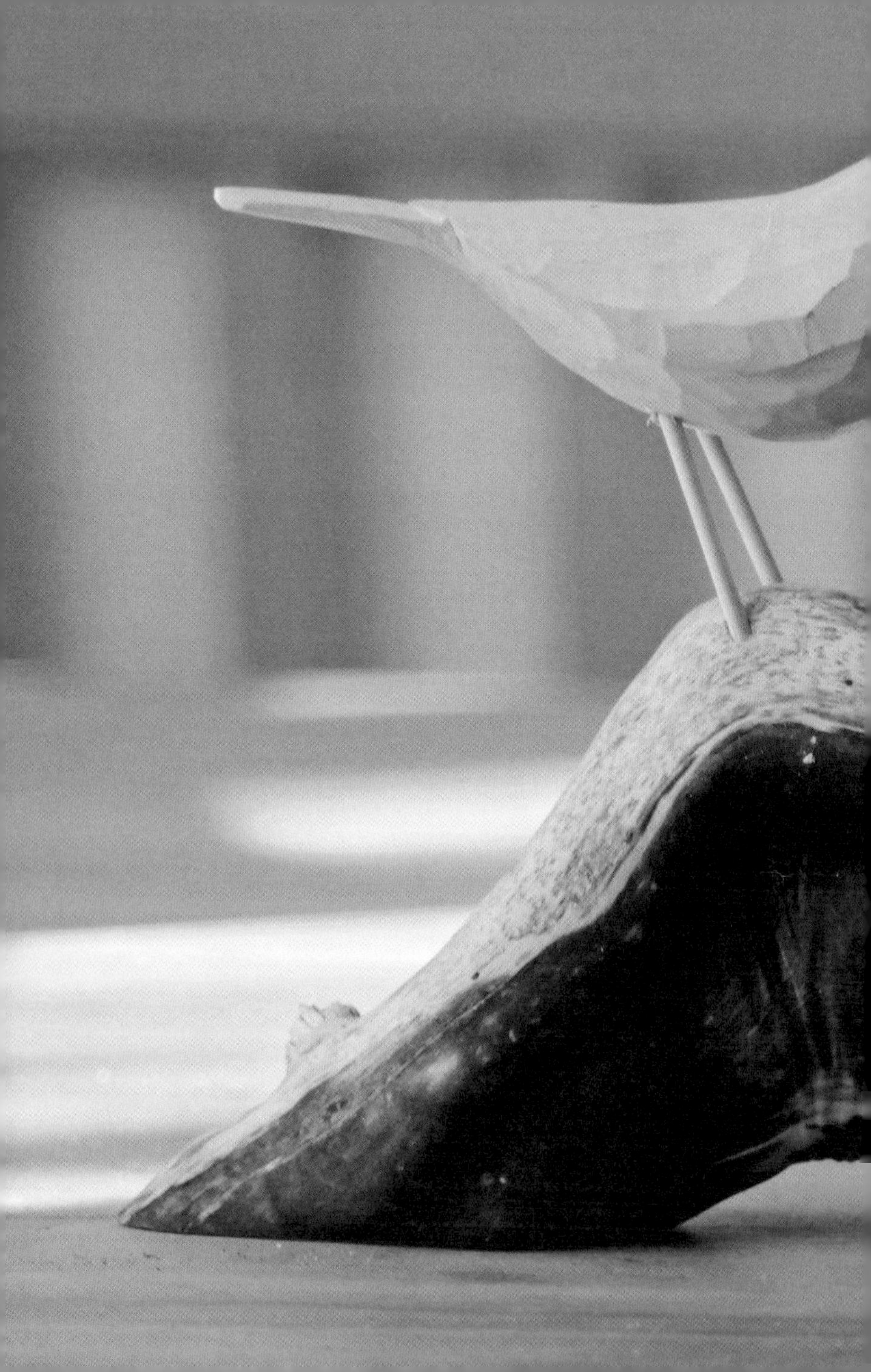

NÜTZLICHE INFORMATIONEN

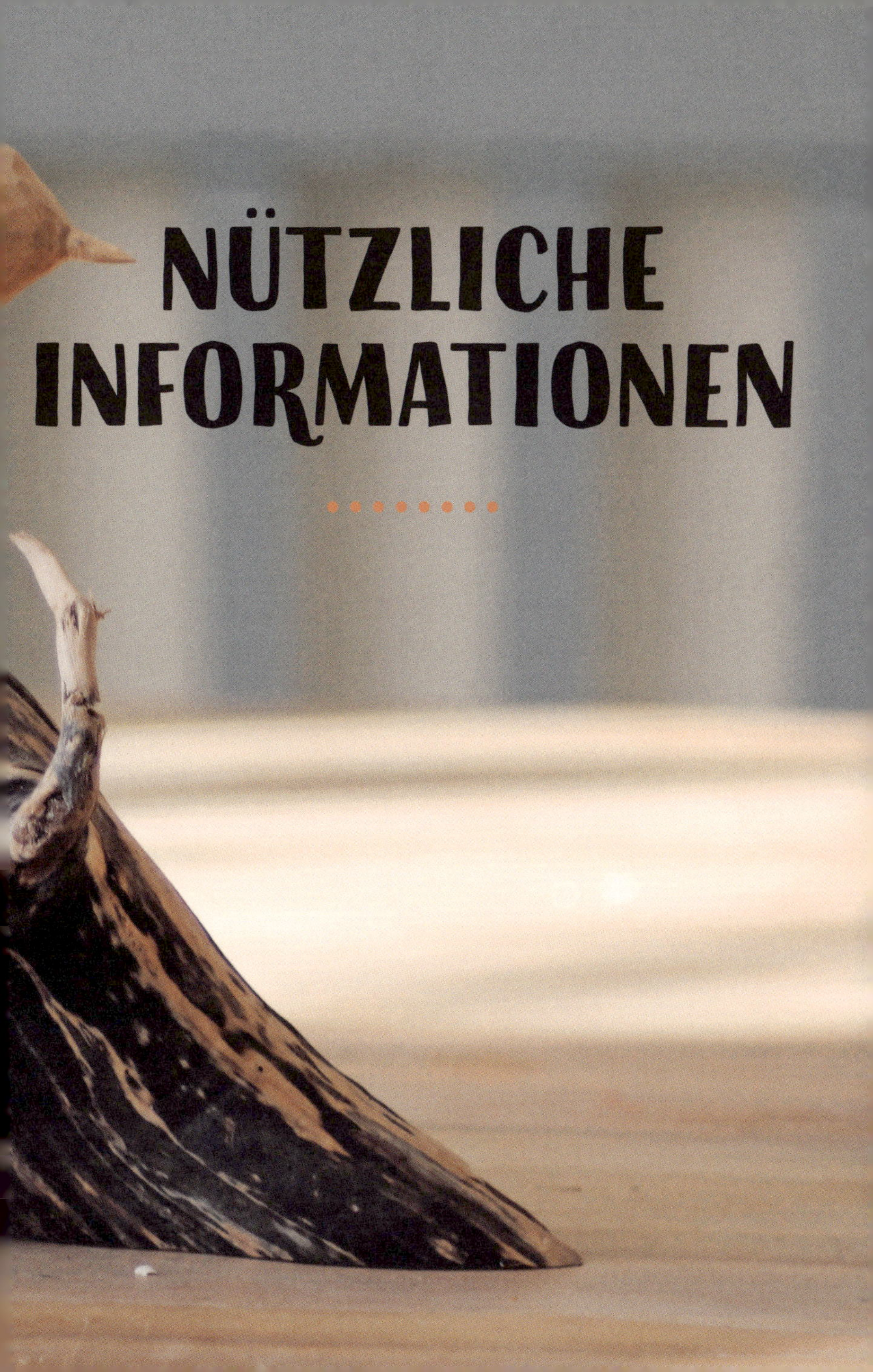

VORLAGEN

Diese Vorlagen können auch für andere Vögel als die angegebenen benutzt werden. Verwenden Sie für diese Vögel Holz in einer Stärke von 3,5 bis 4,5 cm.

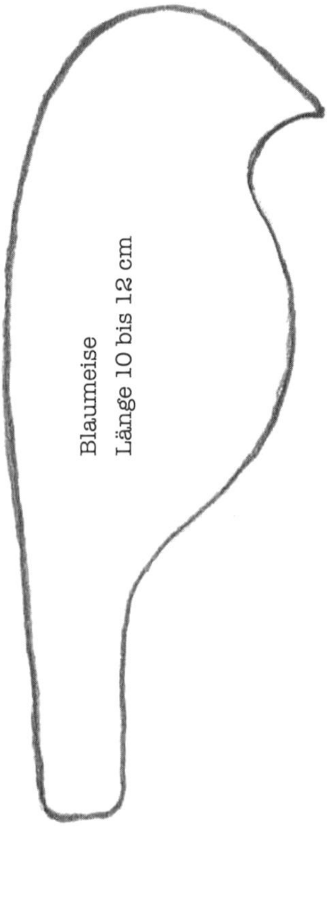

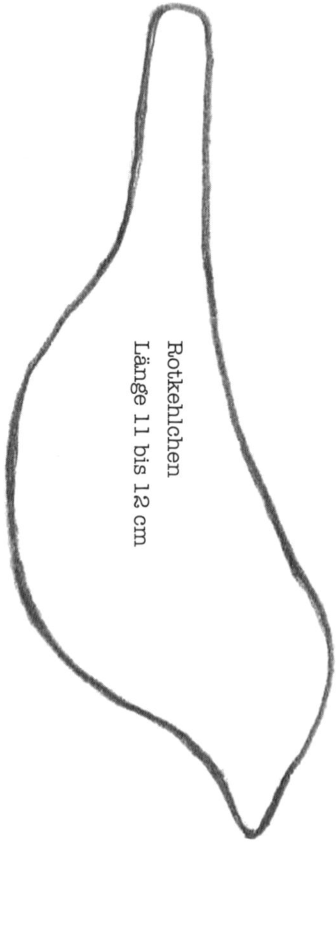

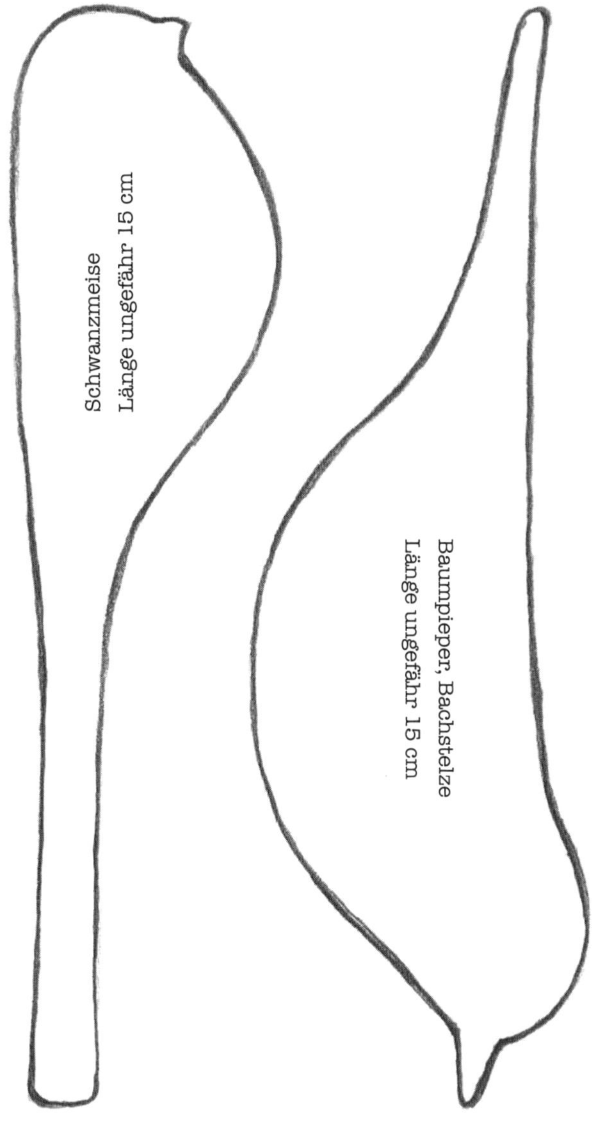
Schwanzmeise
Länge ungefähr 15 cm
Baumpieper, Bachstelze
Länge ungefähr 15 cm

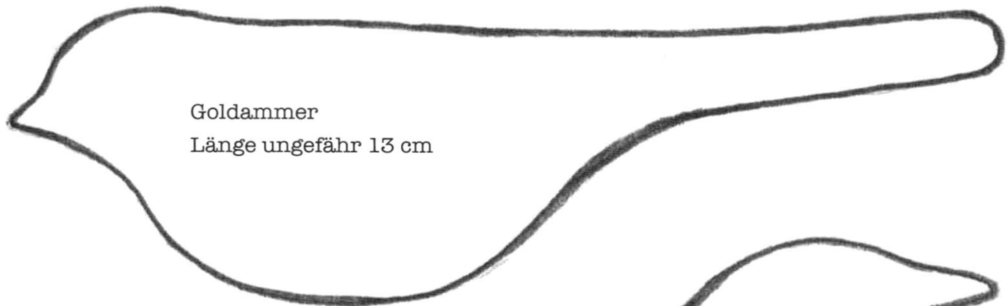
Goldammer
Länge ungefähr 13 cm

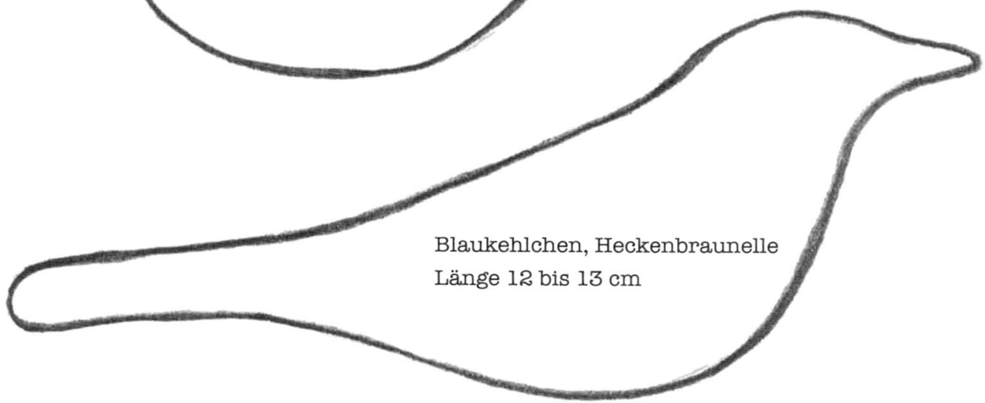
Blaukehlchen, Heckenbraunelle
Länge 12 bis 13 cm

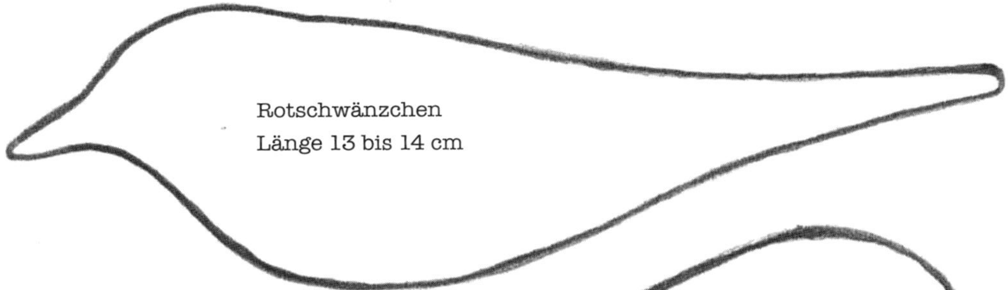
Rotschwänzchen
Länge 13 bis 14 cm

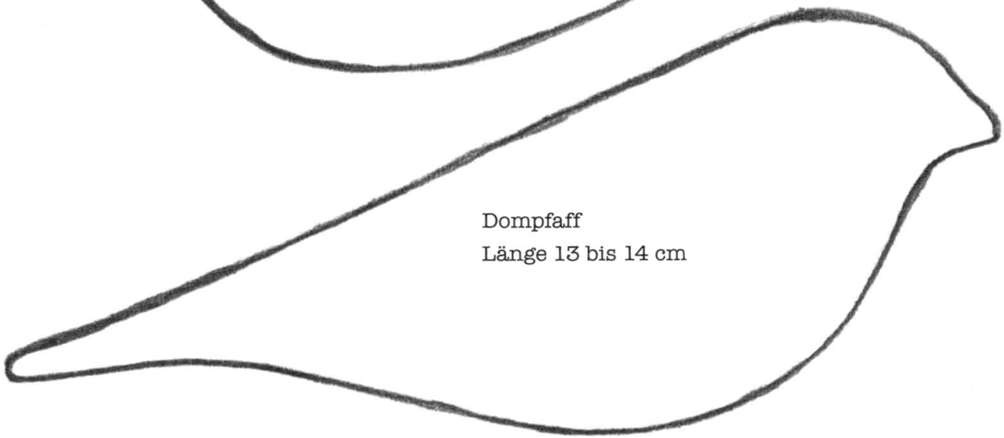
Dompfaff
Länge 13 bis 14 cm

SCHNITZBRETT (SCHNITZSTUHL)

Ein Schnitzstuhl – d.h. ein Brett, auf dem man sitzen kann, mit einer zusätzlichen Vorrichtung für das Abstützen des Werkstücks – hilft Ihnen beim Schnitzen und stellt einen zusätzlichen Schutz dar. Im Folgenden wird beschrieben, wie Sie Ihr eigenes Schnitzbrett herstellen können.

1. Zeichnen Sie den Umriss des Bretts auf Sperrholz und sägen Sie das Ganze entsprechend aus.

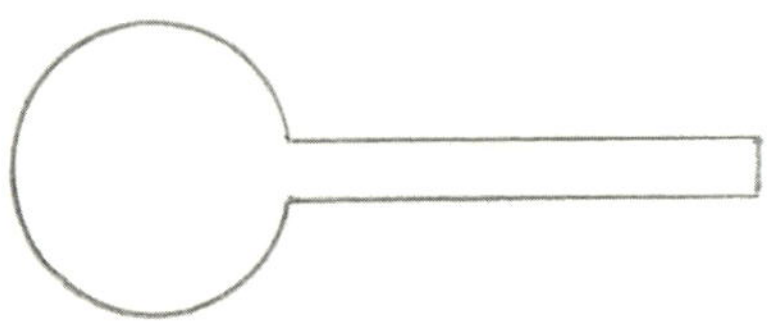

MATERIALIEN

- Sperrholz, mindestens 15 mm dick, 25 bis 30 cm breit und 65 bis 75 cm lang. Für Kinder kann es auch etwas kleiner ausfallen.
- ein Stück Holz für das obere Ende, ungefähr 5 x 10 cm, mit einer empfohlenen Stärke von 3 cm.

2. Sägen Sie eine Stufe in das Holzstück für das obere Ende (siehe Zeichnung und Foto).

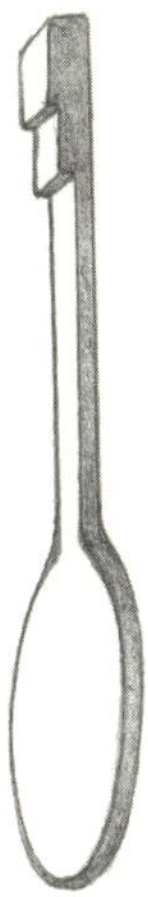

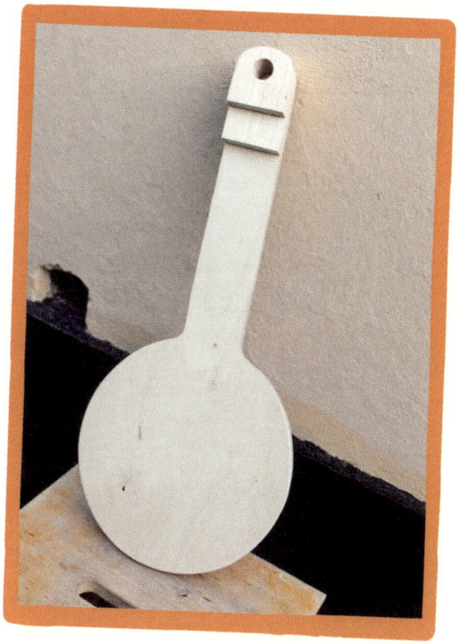

3. Leimen Sie dieses Holzstück an seine Position und befestigen Sie es mit Schrauben an der Unterseite. Wenn Sie möchten, können Sie in das obere Ende ein Loch bohren, das groß genug für den Klingenschutz Ihres Schnitzmessers ist. Und aufhängen kann man das Ganze damit nach getaner Arbeit natürlich auch.

BEZUGSQUELLEN

www.snittesiden.dk (Webseite des Autors)

www.etsy.com/shop/Whittlingsale (Etsy-Shop des Autors)

• • • • •

www.mein-taschenmesser.de (Schnitzmesser, Schutzhandschuhe und Schnitzholz)

www.hkgt.de (Schnitzwerkzeug)

www.bildhau.de (Schnitzholz und Schnitzwerkzeug)

www.zuschnittholz24.de (Schnitzholz)

www.schnitzerbedarf.de (Schnitzholz und Schnitzwerkzeug)

www.drechslershop.de (Schnitzwerkzeug)

www.zite.de (Schnitzholz und Schnitzwerkzeug)

www.betzold.de/cat/3533048 (Bastelbedarf für Holzarbeiten)

• • • • •

www.hobbyschnitzen.de (Informationen rund ums Schnitzen, Forum für Hobbyschnitzer)

www.schnitzschule.com (Schnitzkurse in Tirol)

www.mehr-wald.de (Schnitzkurse; Kurse für Kinder sowie Eltern-/Kind-Workshops)

DANKSAGUNG

Ich danke meiner lieben Frau Lilian, die sowohl die Illustrationen als auch die Fotos dieses Buchs gemacht hat und bei der Gestaltung der dänischen Originalausgabe mithalf.

ÜBER DEN AUTOR

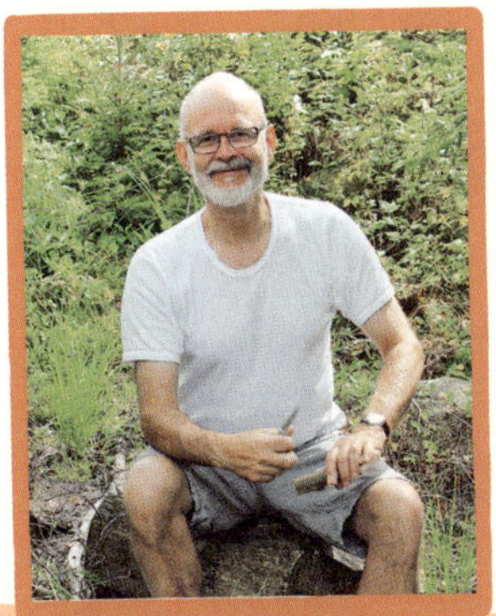

Frank Egholm ist Vater von fünf Jungs und war zwanzig Jahre lang Lehrer an einer Schule in Dänemark. Die Unterrichtstätigkeit war außerdem ein Quell der Inspiration nicht nur für viele Ideen in diesem Kreativbuch. Er ist zudem Gründer des jährlichen Schnitzfestivals in Dänemark. Weitere Bücher des Autors: *Das große Buch vom Schnitzen; Schnitzen mit Kindern.*

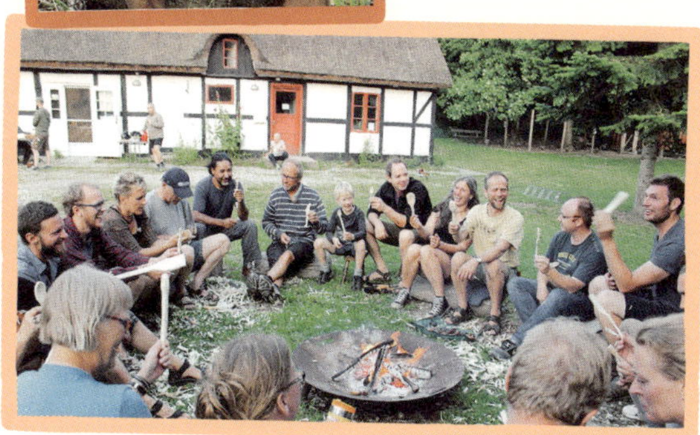

Dänemarks erstes Schnitzfestival 2015: Kunsthandwerk, Spaß und Geselligkeit.

REGISTER